AF410785

MENTE
DESPIERTA

MENTE DESPIERTA

Domina el laberinto

ANA MARÍA JUAN AMAT

Herramientas para conocer el laberinto de la mente y trascender las heridas del alma

VOLUMEN 2 DE LA TRILOGÍA FORTALEZA ESPIRITUAL

NOTA A LOS LECTORES

Esta publicación contiene las opiniones e ideas de su autor. Su intención es ofrecer material útil e informativo sobre el tema tratado. Las estrategias señaladas en este libro pueden no ser apropiadas para todos los individuos y no se garantiza que produzca ningún resultado en particular. Este libro se vende bajo el supuesto de que ni el autor ni el editor, ni la imprenta se dedican a prestar asesoría o servicios profesionales legales, financieros, de contaduría psicología u otros. El lector deberá consultar a un profesional capacitado antes de adoptar las sugerencias de este libro o sacar conclusiones de él. No se da ninguna garantía respecto a la precisión o integridad de la información o referencias incluidas aquí, y tanto el autor como el editor y la imprenta y todas las partes implicadas en el diseño de portada y distribución, niegan específicamente cualquier responsabilidad por obligaciones, pérdidas o riesgos, personales o de otro tipo, en que se incurra como consecuencia, directa o indirecta, del uso y aplicación de cualquier contenido del libro.

Mente Despierta: Domina el Laberinto
Primera edición: noviembre 2018
® Ana de Juan Coaching y Mentoring
Autoedición y Diseño: Ana María Juan Amat
44769025P
ISBN: 978-84-09-07444-0
anadejuancoach@gmail.com
Fotografía Paco Jareño Zafra
Impreso en España

MENTE DESPIERTA

DOMINA EL LABERINTO

ANA MARÍA JUAN AMAT

"EL DOLOR QUE SOPORTA UN SER HUMANO ES DIRECTAMENTE PROPORCIONAL AL TAMAÑO DE SU ESPÍRITU"

Ana de Juan

AGRADECIMIENTOS

A mis ancestros, por dejarme este legado.

A mi familia, por su apoyo incondicional.

A mis parejas, por ser mis maestros.

A mi descendencia, porque será la luz que guíe mi camino.

A mis amigos, por ser afortunada, tengo muchos y buenos.

A mis enemigos, gracias a vosotros soy más fuerte.

A las personas con las que alguna vez he tenido contacto en la tierra, son mis compañeros de viaje y aprendizaje.

A todas mis vivencias y circunstancias, gracias a ellas soy quien soy hoy.

A las personas que me han visto, a las que yo no he sabido ver y a las que no me han sabido ver a mí. Gracias, lo siento, perdón.

A mí misma, a mi carácter y fortaleza interior, a mi SER por ayudarme a construirme en persona, por guiarme aun sin ser consciente de ello.

A mis clientes, consultantes y coachees, a mi público, porque sin ellos nada de esto tiene sentido.

Al conjunto de circunstancias que orquestaron la creación de esta obra.

A mis maestros y alumnos porque gracias a ellos continúo con los pies en la tierra y las alas en el cielo.

ÍNDICE

INTRODUCCIÓN

Éste es un libro sólo para algunos, no para todos. Si estás leyéndolo, ten por seguro que es para ti. Es un libro que pretende ayudarte, pero no necesariamente complacerte. Su lectura irá acompañada de sentimientos encontrados, en algunos momentos resistencia, paz y bienestar en otros, es un libro que pretende SER un gran aliado para ti. A veces no querrás leer, escuchar, ni mirar. Otras se te olvidará comer por perderte entre sus líneas. Probablemente haya veces en que no entiendas nada y haces de luz te deslumbren en otras. Es un libro para toda la vida, aprovéchalo bien, destila sabiduría y auténtico conocimiento; en cada página te espera la aventura de tu vida y en cada lectura descubrirás algo nuevo entre sus líneas.

Su fin es ayudarte a COMPRENDER. Dicen que no vemos lo que tenemos al alcance: a nosotros mismos. ¿El motivo? Porque nuestros ojos miran hacia fuera, no hacia dentro.

"El que mira hacia fuera sueña, el que mira hacia dentro despierta"

Carl Gustav Jung

Este libro es un medio para adentrarte en las profundidades de tu SER y hacer el mayor viaje de tu vida. Acompáñame y abre bien los ojos, el viaje que vas a realizar ya lo hice yo hace mucho tiempo. Hoy te ofrezco la ayuda que un día me sirvió para salir de los más profundos infiernos, trascender y volar como un cóndor directa a mi libertad.

Éste es el primero de tres libros que componen la primera saga teórico-práctica escrita sobre autoliderazgo personal. Cada uno de los manuscritos contiene toda la información necesaria que yo utilicé para autoliderarme en cada momento de mi vida, tanto para salir de mis peores momentos como para alcanzar grandes logros. Hoy en día soy una reputada profesional, he acompañado a miles de personas en consulta, en grupos de desarrollo personal, así como en diversas colaboraciones como docente para Organismos Públicos y Universidades. Llegar hasta aquí no fue un camino de rosas, he construido mi vida a fuerza de superación, ilusión, entrega y resiliencia. Me he ocupado personalmente de que todas y cada una de las páginas de esta saga contengan absolutamente toda la información necesaria para construir lo que quieras construir o para salir de donde quiera que desees salir. Todo es posible si te enfocas en ello y desechas cualquier otra opción. Por mi vida han pasado sucesos altamente traumáticos como mi experiencia de vivir en un proceso de aislamiento sanitario durante tres meses a la edad de seis años, la superación de la adicción a la cocaína con dieciocho años, salir de relaciones tóxicas de pareja o abandonar por completo una exitosa carrera como investigadora para construir de cero un nuevo proyecto de vida como emprendedora. Todas las herramientas que utilicé en cada uno de esos momentos, las tienes en esta saga. Date la oportunidad de utilizar bien cada ejercicio, despacio, integrando y respirando. Herramientas como las que te dispones a aprender fueron decisivas para salir de los peores momentos de mi vida y determinantes para conseguir las mejores metas.

En este libro, el amor es la herramienta y la disolución de los mecanismos del ego el objetivo. El pilar básico es el lenguaje porque éste es el creador de toda realidad, el verbo y la palabra son el origen de toda creación.

Cualquier edificio posee una estética visible, una parte accesible a nuestros sentidos. Puede gustarnos más o menos, mas lo cierto es que podemos verla. Pero ahí no está la clave, pregúntate mejor: ¿y lo que no veo? ¿Qué hay de ello? Debajo de esa extensión de ladrillos se encuentran los pilares del edificio, el encofrado, una parte no visible, que no inmaterial, que sostiene toda la estética en lo alto. Si esa parte es sólida, el edifico vivirá durante décadas, siglos incluso, pero si sus materiales no son buenos, apenas se derrumbará por una tempestad.

El verbo es el origen de la creación, la semilla de todo lo que hemos creado en el mundo partió de la imaginación de alguien. No hay que ser muy inteligente para saberlo, nadie podría haberte regalado este libro si no hubiera sido escrito antes y, por ende, visto y pensado, ¿no crees?

...

Todo en la vida es exactamente igual; lo que vemos es sostenido por lo que no vemos. Un árbol milenario al que nos arrimamos para que nos haga sombra es sostenido por unas fuertes y grandes raíces que se agarran firmes a la tierra, un bonito cuadro fue creado por alguien que primero lo vio en su mente, una multinacional exitosa nació de los deseos y anhelos de alguien.

¿Y tu vida?, ¿Qué la sostiene?

...

———————————————————

———————————————————

———————————————————

Si posees unas raíces fuertes y bien arraigadas a tierra, independientemente de tus circunstancias, tu vida transcurrirá desde un estado de paz interior, tu lenguaje te sostendrá a cada momento y te ayudará a volver a tu centro.

Pero, ¿Qué sucede si no riegas ni cuidas esas raíces? Seguramente el árbol fuerte y alegre que un día fuiste se torne en decadente y sin vida. No lo permitas.

De alguna manera todo está interconectado con una coherencia mental, al igual que para un pez el mar es su universo y jamás podría imaginarse ni comprender lo que en nuestro universo habita, es de ser muy poco inteligente pensar que nuestra capacidad de entendimiento y nivel de conciencia es la única conocedora de la verdad absoluta.

Éste es un libro recomendable para personas inquitas, deseosas de saber más, con anhelos de crecimiento personal, emocional, espiritual; si llevas cierto grado de trabajo personal te servirá para aprender mucho más, mas ten por seguro que la flexibilidad y humildad son imprescindibles para el desarrollo de tu crecimiento. Este libro es un buen disolvente del ego, sus páginas te ayudarán a desenmascarar al creador de tu pesadilla. Por eso el enfado, por eso la paz.

Es un libro para personas conscientes que persiguen el autoconocimiento, que no necesariamente inteligentes.

Puedes conocer el grado de inflación de tu ego cuanto más dramática sea tu vida, a mayor dramatismo, mayor inflación. Mi cometido es ayudarte y acompañarte en el camino, a mayor drama, mayor poder de influencia del ego, por ende, menor sensación de poder personal. Sé que no es precisamente fácil la situación que estás pasando o la meta que has escogido alcanzar pero sí soy conocedora de tus capacidades. Permítete integrar estas páginas como parte de ti, dale permiso a tu ser para salir; el ego se las ingeniará para que sigas escondido tras el dramatismo, no se lo permitas, tienes ventaja. El ego es pequeño, limitado, acotado, fragmentado, mientras el ser es infinito, eterno, creativo y trascendente.

"Cuida tus pensamientos, porque se convierten en palabras. Cuida tus palabras, porque se convierten en actos. Cuida tus actos porque se convierten en hábitos, cuida tus hábitos porque se convierten en destino".

Mahatma Gandhi

Nuestros pensamientos son palabras no habladas, fíjate en la importancia del verbo, el origen del pensamiento, el poder del pensamiento como fuente del destino. Este libro versa sobre el ego y el SER, sobre el verbo como herramienta de construcción, sobre la comunicación, sobre el poder de la palabra y el lenguaje en nuestra vida. Pero, sobre todo, versa sobre integración, amor, conciencia y consciencia. Sobre árboles fuertes y hermosos, con jugosos frutos. Versa sobre la trascendencia y el dominio de los laberintos mentales.

Existe una intencionalidad cuando escribo la palabra ego en minúsculas y la palabra SER en mayúsculas, atribuyendo a cada concepto el lugar que merecen. Sería interesante que hicieras lo mismo en tu vida si deseas conseguir lo que este libro pretende con su lectura: alcanzar el éxito y la paz interior.

Si desconoces el significado de cada uno de estos conceptos, te auguro ya una interesante lectura, serán explicados a lo largo del libro. Incluso sentirás la necesidad de volver atrás en un intento por comprender mejor algunos conceptos, ideas que leíste en un momento en el que tu nivel de conciencia te impedía sacarles todo el jugo. Aún así, haré una breve descripción de cada uno de ellos para que vayas familiarizándote.

El ego es el personaje o conjunto de personajes con los que te identificas en el transcurso de tu vida. Es el traje que encorseta el SER que eres, impidiéndote alcanzar una vida exitosa, dichosa y con paz interior. ¿El motivo? Los límites que los patrones de dicho traje te hacen percibir. De hecho, existe la posibilidad de cambiar el traje cambiando tu patrón para que tu vida pase de pesadilla a sueño feliz. En este caso vivirás desde un estado más placentero pero seguirás teniendo unos límites según el nuevo patronaje, la necesidad de trascendencia seguirá pero más cercana al SER. Te sentirás más libre pero permanecerás en la cárcel, más grande pero cárcel al fin y al cabo.

Imagino que ya puedes hacerte una idea de qué es vivir desde el SER. A poca perspectiva que tengas te habrás dado cuenta de que se trata de vivir despierto, de despertar del sueño feliz o de la pesadilla del ego. El SER ES, ni más ni menos y todo ser humano es capaz de alcanzar este estado haciendo consciente quién es en realidad o, lo que es lo mismo, desapegándose de lo que no es en esencia, desidentificándose de sus personajes.

El amor es el mejor disolvente del ego, es el elemento que integra lo quebrado, que une lo inconexo y que trasciende todo acontecimiento. Digamos que el amor sería al SER lo que el miedo es al ego.

...

Con esta información ya puedes ir comprendiendo ambos conceptos y transitando una lectura enriquecedora y entretenida para tu SER y para tu ego.

Tú tienes la capacidad y el poder para transformar tu propia vida utilizando el amor como materia prima de transformación. Al principio puede dar mucho miedo, pues la materia prima del ego es el miedo y cuando comienzas a tomar conciencia dando pequeños pasos, la mente egoica se resiste asustándote para mantenerte en el status quo.

¿Cómo lo hace?

Mediante el modo de pensar, con el lenguaje interior. Nuestros paradigmas son los que configuran los pilares y las paredes de la casa mental, por eso cada casa es diferente. De hecho no hay dos casas iguales en todo el mundo. Los mapas mentales son como las huellas dactilares, ni dos hermanos gemelos tienen los mismos.

Al igual que puedes construirte cárceles con el pensamiento, tienes la capacidad de crear una vida plena con los mismos materiales, sólo necesitas aprender a utilizarlos bien y este libro lo tienes para eso. Es igual que un cuchillo, puede servir para untar la mejor mermelada sobre las tostadas o para matar a alguien en un segundo.

...

Este prefacio sirve para comenzar a abrir la mente, para tomar conciencia de que no todo lo aparente lo es tanto y de que el ego posee una información muy limitada y sesgada. Nuestra vivencia es filtrada por el software mental, el ego sería este software, posee los programas emocionales y patrones de conducta que han sido introducidos a cada experiencia de vida.

En cambio, con este libro vas a formar parte de unos pocos privilegiados conocedores de la verdad: nuestra mente es el hardware, por ende, todo ser humano posee el potencial de cambiar su vida de manera fácil y fluida cambiando su software mental a través de lo que hacen muy pocos: ejercer el dominio sobre su hardware mental.

No importa donde estés, ni cómo te sientas, ten por seguro que lo importante es lo que vas a conseguir, si te lo propones, con la lectura de esta saga y la aplicación de cada herramienta. Lo que viviste ya pasó, date el gusto de limpiarlo para crear algo sólido y definitivo.

Tú eres un gran creador y sólo tú tienes la capacidad de construirte una vida en el cielo o en el más profundo infierno. Tus alas no se buscan fuera sino dentro de ti; este libro es un camino para encontrarlas y comenzar a ser libre.

Mi cometido es ser un rayo de luz para ayudarte a encender la tuya cada vez que lo necesites, este libro ha sido escrito con el fin de acompañar en tu camino de vida. Puedes hacer uso de él en este momento y también puedes recurrir a él cuando lo necesites. Es un libro de fácil lectura para quienes están acostumbrados a trabajar en su crecimiento interior, quizá posee algunas partes más densas dependiendo del lector y de su momento de evolución personal. Pero lo que sí es seguro es que todos los ejercicios que contiene pueden ser realizados en todo momento y poseen un grado de facilidad acorde a todos los públicos. Puedes, además, hacer uso de ellos en diferentes situaciones, te darás cuenta de que tus respuestas no son las mismas, puesto que somos seres en constante evolución y somos el resultado de nuestras experiencias.

Te deseo una feliz y enriquecedora lectura, cuando termines de leer esta saga ya no serás el mismo. Si, además, has realizado todos los ejercicios con honestidad y disciplina, te auguro un futuro muy prometedor que te habrás dado permiso para crear. No importa dónde te encuentres ahora, las circunstancias cambian si estás dispuesto a trabajar y a apostar por ti mismo. Hazlo ahora, tienes delante de ti la mejor oportunidad!

...

Te comunico e insisto, desde la más absoluta honestidad, que no importa cuál sea tu situación actual, tú tienes la capacidad de darle la vuelta a toda circunstancia si lo haces con amor, paciencia, fe y utilizando las herramientas adecuadas. Sigue todas y cada una de las indicaciones de este libro, hazlo por orden, coherentemente sin saltarte nada y lo conseguirás.

Si yo lo hice, tú también puedes hacerlo. Confío en ti!

En esta saga transmito todos los conocimientos y herramientas que utilicé en su día para ayudarme a mí misma. Con estas técnicas he conseguido sobrevivir a impactos altamente traumáticos, soltar relaciones tóxicas, superar conductas adictivas y reconstruir una vida desde cero al éxito más rotundo.

Permíteme acompañarte en este proceso de descubrimiento, date el permiso de ofrecerte todo aquello que necesitas para construir nuevas realidades, ofrécete este libro, esta saga; si me necesitas, puedes contactarme a través de mi web para solicitar tu sesión. La inversión en uno mismo es la mejor de las apuestas que una persona puede ofrecerse a sí misma.

Los resultados que obtuve personalmente son refrendados por muy diversos perfiles que también los han puesto en práctica: científicos, deportistas de élite, artistas, profesionales, profesores, amas de casa, personas adictas a sustancias tóxicas, colectivos sensibles como mujeres o jóvenes casi desahuciados, también personas víctimas de maltrato sumergidas en tóxicas relaciones. Indistintamente aplicados a cada uno de ellos con unos resultados asombrosos. El método se adapta a cada perfil y no a la inversa, recuerda siempre esto, es la clave del éxito.

Independientemente de cuál sea tu objetivo o tu inquietud, de qué difícil momento estés atravesando o de qué meta tengas entre manos, si lo utilizas correctamente y haces adecuadamente todos los ejercicios, obtendrás los óptimos resultados para ti. Puedes darte un impulso de motivación leyendo los testimonios de muchas de las personas que, como tú, se han comprometido consigo mismas y han apostado por ellas. Acude al apartado "testimonios" en mi web www.coachingconanadejuan.com.

El siguiente paso tras la lectura de esta saga es regalarte uno de los cursos o talleres vivenciales basados en ella, en ellos podrás trabajar con otros compañeros que también pasan por momentos desafiantes. Tienes muchas opciones a escoger, atrévete a ofrecerte lo mejor. Independientemente de lo que decidas hacer, has de tener en cuenta que la sola lectura de la saga ya es mucho más que suficiente para abrir múltiples ventanas donde antes sólo veías muros de carga.

Feliz y provechosa lectura!

1. Tomando conciencia de la mente y su funcionamiento

"La mejor manera de evitar que un preso escape es asegurarse de que no sepa que está en prisión"

Fiodor Dostoyevsky

Hacer consciente lo que desconocemos es el primer e ineludible paso para el proceso de cambio, sólo cuando tenemos el conocimiento de las cosas podemos cambiarlas. Mientras somos inconscientes, vivimos como en un sueño hipnótico, creyendo que estamos despiertos, sin saber que, en realidad, dormimos.

Eres listo y sabio, tengo pleno convencimiento de ello. El tamaño de una persona es directamente proporcional al dolor que soporta. Si te sientes desahuciado o al borde del abismo, enhorabuena, eres grande!

...

Pasé por un inmenso dolor del cual se puede salir, cógeme de la mano y caminemos juntos. Agárrate a la vida con uñas y dientes. La lectura de la saga es para tomar conciencia, ampliar tus conocimientos, tu información, comenzar a despertar y ampliar tus puntos de vista, lo cual te traerá una mayor capacidad de influencia sobre las cosas y, por ende, dominio sobre tu vida.

La base de la conducta humana tiene su origen en el parloteo mental, generalmente encaminada a tomar decisiones para conseguir un placer o evitar un dolor. Ahora bien, ¿Quién dirige realmente tu vida?, ¿Tú o el parloteo?, ¿Tu SER o tu ego?, ¿El amor o tus miedos?

...

Este libro es una herramienta para que aumentes tu poder de influencia sobre lo más importarte que tienes: tu vida. Se trata de un manual para ampliar, conocimiento en mayúsculas y nivel de conciencia, con el fin de ser dueño y soberano de tu vida. Ya llegó tu momento, atrévete a coger el timón de tu vida de una vez por todas.

Eres una persona capaz de hacer cualquier cosa, tienes un gran fondo, tienes altas capacidades sumergidas en tu ser que son sacadas a la luz cuando las necesitas. Ten fe y la certeza de que todo lo que te trae la vida es lo mejor para ti.

Hay personas que prefieren seguir en la queja y postergan lo que deben hacer para ser libres. Racionalizan su malestar con excusas que les llevan de vuelta al laberinto. Si eres de ellos, este libro no es para ti. Puedes enfrentar la realidad o seguir quejándote, tú eliges.

...

Esta lectura es para los valientes que de verdad desean salir de donde están, que saben que hay otra manera de hacer las cosas y que quieren aprenderla, que tienen agallas para vérselas consigo mismos y con sus demonios,condición sine qua non para llegar a la meta,la libertad.

Dependiendo de tu actitud, de tu auto compromiso, disciplina y del hartazgo de dolor que tengas, la fuerza que adquirirás mediante esta lectura te llevará a atravesar directamente la puerta de salida de prisión y ser libre. Mis deseos para ti es que dejes tras de ti la prisión que construiste un día, cuya responsabilidad hoy proyectas sobre otros y que llegues a cortar definitivamente tus cadenas.

1.1 El laberinto y la trascendencia: Ego vs SER

¿Quién eres?, Reflexiona y Responde:

____

____

____

____

Muchas respuestas tiene esa pregunta, tantas como aparezcan en tu mente: soy alto, guapo, carpintero, casado o soltero; seguro que han venido características físicas, profesiones, incluso emociones, agradables o desagradables. Puedes definirte en base a tus características o roles que desempeñas, si es así, estas respuestas vienen dadas desde el ego, éstas sólo son etiquetas con las que te identificas. El ego es una ínfima parte de ti, como un pelo de tu cabeza comparado con todo tu cuerpo que es tu SER.

Ahora bien, te pregunto por ti, ¿Quién eres?

...

Una cosa es quien eres y otra muy diferente son los roles y las funciones que desempeñas. La mayoría de personas llegan a identificarse tanto con sus roles que se olvidaron hace mucho tiempo de quienes son. Si no estás pasando un buen momento, tranquilo, siéntete en paz, vives identificado con una situación de la que eres parte. Cree en ti vive en paz, reconócete en profundidad, ámate.

El ego es un mecanismo creado por la mente, un programa de ordenador que simplemente ha sido instalado en cada uno de nosotros para defendernos de lo que ese programa considera amenazante. Pretende que nos olvidemos de quién somos de verdad, maquillando la realidad con los dramas que se le antojan a cada momento. Si vives desde el ego sientes tu vida continuamente en conflicto, en carencia y desdicha, poniendo la felicidad en un futuro que todavía no ha llegado o en un pasado a modo de placer momentáneo.

Cuando te encuentras en procesos de miedo o de cambio, es muy difícil para ti ver lo que sucede delante de tus narices. Sé que si estás leyendo este libro tienes inquietudes, pasas por un momento desafiante o posees un perfil que necesita enriquecerse de crecimiento personal. En cualquier caso su lectura va a suponer un punto de inflexión en tu vida.

Cuando vives desde el SER, eres capaz de ver lo que sucede delante de ti; cuando vives desde el ego, le das protagonismo a la ceguera de tus pasiones. Un día naciste en un seno donde proyectaron ciertas expectativas sobre ti, creciste siendo un niño de alma pura y cerebro en blanco, limpio de información que fue poco a poco programándose con una serie de informaciones condicionadas durante su educación. Así mismo, asumiste por aprendizaje vicario muchas de las conductas que posees hoy en día.

Se nos educó a través del miedo para nuestra propia protección, a través de la culpa para que hiciésemos lo correcto. Hemos de ser conscientes de que eso no era nuestro, aunque ahora lo reproduzcamos; nuestros comportamientos, causantes de las experiencias vitales que tenemos, son el resultado de la suma de la información que vertieron sobre nosotros, de las creencias que nos enseñaron, de las vivencias que impactaron nuestro mundo emocional y de las propias conclusiones a las que llegamos lo largo de nuestra experiencia vital.

Las experiencias, creencias, vivencias y programas configuran tu carácter, tu ego, sumado a tu autoconcepto, al sentimiento de valía y al apego a los roles que desempeñas a lo largo de tu vida.

Somos fantásticos actores viviendo bajo un sueño hipnótico, durmiendo en su propio sueño. Si has comenzado a trabajar en tu crecimiento personal habrás podido destapar un poco esta farsa de la farándula de tu vida. Seguro que has sido capaz de transformar creencias limitantes en potenciadoras, superar algún miedo o mejorar tus resultados.

Sé que eres grande, quizá no has hecho nada de lo anterior pero sí has sido capaz de salir de un infierno, has superado una gran crisis o sobrevivido a un suceso.

Pero, ¿hasta qué punto has trascendido tu propia vida?, ¿Hasta qué punto te sientes dueño de ti mismo?, ¿Hasta qué punto te das licencias para ser tú y resplandecer lo que has venido a brillar aquí?, ¿Hasta qué punto te permites la paz en ti?

...

Eres un ser ilimitado, permíteme ayudarte a romper tus cadenas. Ábrete a la vida con amor y dulzura. Te acompaño con cariño y aceptación. Te veo, te siento, sé de lo que eres capaz. Aprovecha cada frase, cada palabra para conectar contigo mismo, el ser que eres tiene una sabiduría amplia, grande, es conocedor de todo lo que necesitas para evolucionar. Confía en ti mismo y en tus potencialidades, eres infinito.

Lee, estudia y aplica este libro, aprovecha el maravilloso recurso que tienes delante para conectar con el SER que hay en ti.

...

El SER ilimitado es eterno e infinito, se encuentra dentro de todos y cada uno de nosotros, se trata de la suma de todas las posibilidades y potencialidades que somos, sin límites ni patrones estrictos, sin castraciones de ningún tipo. Vivir desde el SER es vivir desde la experiencia, no desde la creencia. Permitiéndonos ser lo que necesitamos ser en cada momento para nuestro propio crecimiento, desidentificándonos de nuestros papeles, roles, emociones tóxicas y creencias rígidas que encarcelan nuestra vida entre barrotes ilusorios que nos castran sin cuestionarlos. Somos personas estupendas, somos seres perfectos tal y como somos, el yo conocido es una parte del yo verdadero. Todo está bien, todo lo que haces está bien. Tu ser es perfecto en toda su dimensión. Tu ego es parte de ti, permítete observarlo.

Tienes una vida maravillosa ante ti, un apasionante camino a recorrer, un destino por descubrir. Si todavía no ha llegado lo que deseas, no es por tu pasado, ni por tu familia, ni por tus vivencias, ni por tu dinero, ni por tu lugar de residencia. Es por tu programación, la programación de tu ego, todo eso que te dice la vocecita de tu cabeza. Permítete sacar los recursos que tienes dentro y las agallas necesarias para luchar por tu vida.

Hazte una pregunta:

¿Quién necesito ser para cumplir mi sueño o quién necesito ser para salir de esta situación que no deseo?

...

He visto a muchísimas personas a lo largo de mi carrera profesional a un paso de su meta pero a cientos de kilómetros de la psicología necesaria para cumplirla. No podían ver la oportunidad que tenían delante porque una creencia limitante les impedía verlo, así es como funciona nuestra cárcel mental y los límites de nuestra percepción. A lo largo de este libro aprenderás de una manera práctica y demostrativa cómo operan los mecanismos de la mente. Tienes ante ti el paso a paso para desmontar todos los límites que un día creaste.

De momento, lo único que tienes que saber es que sólo podemos ver en el mundo aquello que tenemos dentro, por lo que aquello que no ocupa un espacio en nuestra mente, no lo podemos ver fuera. Así de poderosos somos.

¿Qué sentirías si te dijera que eres un millonario que vive su vida como un mendigo?

De este modo nos engaña el ego, el personaje al que le damos coba cada día, dejemos de alimentarlo de la mañana a la noche, acompáñame, quiero ayudarte a que descanses de tanta tensión y puedas liberarte poco a poco de él.

El ego ve carencia, lo que falta, el hueco del rompecabezas, eres listo, no te dejes engañar por él. No hace falta nada, pero el ego convence de lo contrario. Todos los recursos que necesitas para encaminarte a tus sueños los tienes a tu alcance, tienes múltiples capacidades escondidas, las carencias sólo son una forma de percibir. Toma la vida para que la vida te dé más.

...

Hagamos un ejercicio para liberar culpas, el desapego a la culpa trae la mayor de las bendiciones. Girémonos a nosotros mismos, comienza a mirarte, mira a la vida dándote su luz. La autorresponsabilidad es la base del crecimiento. Toma la tuya con amor y agrado, dentro de muy poco tu vida será otra, el amor es fuerza viva, estructura y orden. Tomando responsabilidad tomas amor por ti, autorrespeto, madurez, crecimiento, toma lo que la vida te da.

Tienes innumerables motivos para vivir, el sentido de la vida trae consigo la mecha que mantiene viva a la llama. Si todavía no lo has encontrado, aprovecha esta saga para hacerlo. Te lo debes como ser humano, permítete ser guiado hacia tu lugar, eres un ser bello con dones ocultos que merecen ser vistos. Sal a la luz, comparte tus logros, risas y llantos, hazte valer, acompaña la vida con trascendencia.

Si deseas tener éxito en la vida, primero haz estas dos cosas: busca un motivo para vivir y haz de ello un servicio a los demás. Todo ser humano trae consigo una carga, un peso que lleva y le acompaña. Tienes la capacidad de tomarlo y de aprender a vivir con ello. Suelta la parte que no te pertenece y déjala ir. El paso base es ayudarte a ti, ayudarte a ti mismo. Ser capaz de autorregularte, ofrecerte un espacio de autorreflexión, tenerte en cuenta y conocer a fondo tus necesidades. A continuación debes darte aquello que necesitas, respetar tus tiempos y tus espacios; poner límites para tener autonomía en el camino del crecimiento, ponerte límites a ti mismo es un signo de amor propio, facilita el orden y mejora el bienestar interior.

Tienes ante ti la saga perfecta para pulir el diamante que eres. El éxito vendrá por añadidura, siempre y cuando te ames a ti mimo. Una vez que lo hagas, el camino para ayudar a los demás se encenderá porque el tuyo estará sanado.

Piensa algo: ¿Qué le estás ofreciendo al mundo?

...

Observa qué das al exterior para aventurar qué puede venir de vuelta. Pensar que no vales nada es una absoluta pérdida de tiempo. Eres una persona valiosa, deja de perder el tiempo creyendo que no vales nada o llenándote de la basura emocional de otros.

...

Este libro es el mejor canal de liberación del ego y de trascendencia al SER. Aprovéchalo bien, muchas personas hemos tenido que crecer cuando ya no pudimos soportar más dolor; aquí te ofrezco la oportunidad de hacerlo de una manera más lúdica y positiva.

Recuerda, no estás donde deseas porque tu ego está interfiriendo, ésta es la auténtica verdad y así lo debes saber, fin de la película. No hay más. Lo primero que has de preguntarte es quién estás siendo y quién deseas ser.

Piensa ¿Cuál es la psicología posee una persona que lleva la vida que tú deseas?

Para hacer correctamente este ejercicio observa mucho y observa bien. Libre de juicios, de formas, de estereotipos, sólo mira bien a esa persona que tiene lo que tú deseas. Detente en su forma de hablar, de ser, en qué transmite, cuáles son sus emociones. Observa cómo se expresa, qué es lo que muestra, cómo actúa. Detente a observar.

...

____

____

____

____

____

____

____

Ve ahí, escríbelo, observa a tu alrededor y abandona la queja; encamínate, en cambio, hacia lo que deseas, no has de hacer nada más. Hazlo por ti, nadie lo hará si no lo haces tú; mucha gente ni siquiera lo hace por sí mismo. Saca la fe de debajo de las piedras pero sácala y sé implacable, porque hasta las personas que menos te imaginas dudarán de ti. No busques complacencia en familiares o amigos, ellos tienen sus propias limitaciones, a pesar de que te quieren mucho, proyectan sus carencias y miedos en ti, creyendo que lo hacen por bien, emiten sus consejos y sugerencias basadas en su historia, que no es la tuya.

Muchas personas desisten y abandonan por este motivo, hablan demasiado y les dan más peso a las opiniones ajenas que a sí mismos. Mantén tus deseos a buen recaudo, en un lugar sagrado dentro de ti, a nadie le importan. Lucha y trabaja, lee detenidamente cada página de la saga, haz todos los ejercicios sin dejar ni uno, actúa sobre tu psicología y el éxito estará asegurado.

Parte del proceso de crecimiento es dolorosa, la toma de conciencia es reveladora a la par que emotiva. Tus deseos han de ser tuyos de verdad, tus metas deben haber nacido en el interior de tu corazón. Piensa en ese deseo que tienes y escríbelo:

____

____

____

Ahora hazte la pregunta crucial y tómate todo el rato que necesites para responder:

¿Este deseo es mío de verdad?

____

____

____

¿Estoy empeñado en conseguir lo que deseo porque realmente me hará feliz o porque le haría feliz a otra persona, aunque incluso haya muerto?

...

Independientemente de mis sentimientos hacia esa persona, ¿Es esa persona un ejemplo real de la vida que yo deseo construir, es decir, lleva la vida que yo deseo o se aproxima?

...

Haz este ejercicio de honestidad para contigo mismo y comencemos a hablar más a fondo. No es sencillo levantarse un día y darse cuenta de que has vivido tu vida desde los pies de otro. Pero, si es tu caso, enhorabuena!

...

Hay personas que viven dormidas hasta el final de sus vidas. Tú, en cambio, puedes ponerte manos a la obra ahora mismo para tener una vida exitosa, plena y con paz interior. Dejemos las excusas y apuesta de una vez por ti, te lo mereces.

...

1.2 El pegamento del ego: el apego

El desapego es una de las herramientas que ayudan a disolver el ego. Cuando alcanzas a comprender el verdadero significado de la palabra SER, te das cuenta de que ésta es la clave. Nuestras vidas están llenas de apegos, de lazos emocionales que nos atan a cosas y a personas. No está bien ni está mal, simplemente ES.

...

La configuración de cada ego posee unos apegos diferentes, por ejemplo: apego al control, a lo material, a personas, a emociones tóxicas, etc. Tu capacidad de desapegarte a una situación, persona, cosa o emoción que te lastime es la puerta que da acceso al paraíso. Permítete volar, crecer, jugar con las circunstancias en vez de luchar contra ellas. Fluye con lo que hay y sé astuto, utiliza el contrapuesto de manera positiva. ¿Quieres saber cuál es?

El apego a ti mismo, tu blindaje, tu conexión contigo, abrázate, ámate, respétate y hazte saber que estás a salvo porque estás contigo mismo. Cambia el apego a lo exterior por el apego a lo interior, lo realmente importante para ti; sustituye el desapego a ti por el desapego a todo lo demás.

El apego al control exterior es el rey del ego; el amo y soberano del ego es el control. Podríamos definirlo como la tendencia a querer controlar todo lo que sucede fuera de ti, desde las emociones de las personas con las que te relacionas hasta programar un estupendo plan para dentro de treinta años. El tipo de control varía, no a todos los egos les gusta controlar las mismas cosas, al ego sólo le gusta controlar aquello que considera "amenaza" para sí mismo, identificada en base a la información grabada en la mente de la persona que controla. Lo común a todos los egos es que miran hacia fuera.

Hay egos que necesitan controlar las ventanas, el butano o los interruptores antes de salir de casa, otros necesitan controlar todos los movimientos de la pareja en un intento por "descubrir" una supuesta infidelidad; hay egos que necesitan controlar el dinero guardando mucho por si sucede algo malo, otros evitan a toda costa algunas emociones, escondiéndolas debajo de su alfombra mental y convirtiéndose en sus mismos esclavos. También hay egos que se impiden vivir por miedo a la vida, generándose ansiedad continua y engañándose con el miedo a la muerte.

La función del ego, por excelencia, es tener todo bien atado y controlado "por si pasa algo", mecanismo inherente al miedo. Lo controlado va tomando diferentes disfraces, veamos algunos otros:

El apego al control de la salud, convirtiéndote en un hipocondriaco que asiste semanalmente a un especialista diferente. Sin encontrar en su diagnóstico nada relevante, sigue creyendo que algo "malo" tiene. En lugar de relajarse y disfrutar de su salud, sigue buscando lo que más teme...

El apego a lo material, llenando su vacío existencial con cosas materiales, desde un cochazo hasta la ropa más cara. Gastando cantidades desorbitadas de dinero en objetos que tapan su vacío por unos días, a veces, sólo horas...

Apego a estilos de vida que convierten a las personas en máquinas programadas de control del status y del "qué dirán". Si te sientes identificado, observa desde dónde tomas las decisiones, mira a ver lo que le cuesta a tu salud sostener tu fachada. En este caso, vivir de cara a la galería se convierte en tu verdugo. Probablemente hace mucho tiempo que dejaste de VERTE, ¿puedes hacer algo por ti? Ve ahora mismo delante de un espejo, mírate a los ojos y di: "te amo"...

Como contrapuesto al anterior se produce el apego al dinero, en este caso no es tan importante la fachada como tener a buen recaudo los ahorros. Mientras que, en el caso anterior lo importante es ostentar, en este caso lo que se pretende es justamente lo contrario, ocultar lo que se tiene por miedo a que desaparezca. La raíz del miedo a la pérdida del dinero es un profundo sentimiento de culpa, emoción que invalida la capacidad de ganarse exitosamente la vida por degradar tu estima y energía vital, viviendo en el sueño de que eres inferior e inválido para salir adelante. El dinero te sirve de protección porque no confías en ti mismo.

...

Paralelamente, hay muchos tipos de adicciones, uno de ellos es el apego a emociones tóxicas. Si eres una persona que vive sistemáticamente en la queja, estás programado para ser un amante a vivir una vida de frustración. Puedes tenerlo todo pero vives enfadado, también puedes estar casado con la culpa, el resentimiento, el miedo o a la carencia. Según sea tu matrimonio, así será tu vida. Todas las emociones sirven para algo y son importantes, el problema no es la emoción, sino el apego a ella.

...

La base de la inteligencia emocional es sentir, dale cabida y valida todas y cada una de las emociones que sientes. Con ello conseguirás que pasen, dejándolas marchar. Si, por el contrario las niegas, seguirán dentro de ti haciéndote daño hasta que puedas darles su lugar. Siente la emoción y déjala ir, permite dejar espacio en tu vida para que entre algo nuevo.

Toma conciencia del programa de apego que llevas y comienza a cortar cadenas, si no sabes cómo, de momento puedes comenzar a hacer acciones que invaliden ese apego. Por ejemplo, si tu obsesión es por la salud, posterga la visita al médico, sustituyéndola por una visita al cine o un café con alguien querido. Comienza a deshacerte del programa mental, no pienses, actúa. Si tu problema es con el dinero, pregúntate primero cuál es tu percepción sobre el mismo, ¿lo ves como un recipiente o como una cañería?

...

La carga emocional que supone el dinero en la mente de las personas es altísima, el dinero es uno de los principales motivos de ruptura entre matrimonios y familias. Le atribuirás más importancia cuanto más lo percibas como recipiente porque creerás que es algo que ha de estar ahí para salvarte en un momento dado, mirarás constantemente cómo se va vaciando ese recipiente y tu equilibrio emocional dependerá de la percepción del tamaño de ese recipiente.

El dinero es una energía vital a la que le damos o quitamos espacio en nuestra vida, si estás enfadado con el dinero no esperes tenerlo. Si lo percibes como un saco y pierdes energía cada vez que va vaciándose, no tienes energía, fuerzas ni foco para ver lo importante: la entrada del dinero. Un buen empresario dirige su atención a hacer dinero, crea constantemente e inventa formas de ganar dinero más allá de su imaginación. Si eres empleado también puedes hacerlo, ¿quién dijo que sólo debías tener una fuente de ingresos? Invéntate algo, crea e innova y, de paso, genera riqueza.

El dinero no es estanco, no es un recipiente, ni tiene valor por sí mismo, salvo cuando está en circulación. El dinero es un fluir, una energía vital, no es un recipiente, es una cañería que puede tener un diámetro de un centímetro o de mil metros. Puedes guardarte un remanente de dinero para seguir viviendo holgadamente ante un imprevisto o para una inversión futura, pero de ahí a vivir como un mendigo teniendo en el banco dos millones de euros, es otra cosa.

Si sanas el apego al dinero y lo haces con cabeza y corazón, te estarás haciendo un favor. El apego de otras emociones será trabajado por colateralidad, ten en cuenta qué emociones operan en ti a través del dinero. Algunas personas sienten miedo y enfado, contradicciones que les impiden disfrutarlo.

Paradigmas de desconfianza en la vida, miedo a no ser suficiente, a no ser sostenido o a no sentirte capaz de ganarte la vida son propios del apego al dinero. Si necesitas tener mucho dinero ahorrado, tienes una creencia interior de que no eres suficiente ni capaz de ganarte la vida. Si, además, no lo gastas ni disfrutas un poco, posees creencias inconscientes de no merecimiento. Toma conciencia de qué te permites a ti mismo y qué no, ¿Te das permiso para tener cosas buenas en tu vida? Escribe cuáles.

...

____

____

____

____

Si deseas trabajar otros tipos de apego, observa cómo son tus relaciones, mira a ver cómo es el grado de toxicidad que estás teniendo con las personas que te relacionas. La relación que tienes con tu pareja, con tus amigos y con el dinero, inclusive, parte de la relación que tienes contigo mismo, todas nuestras relaciones vitales son reflejos de la relación que tenemos con nosotros mismos.

...

La necesidad de control va disminuyendo conforme vamos limpiando nuestras heridas del alma, provocándose un gradual incremento de la confianza en nosotros mismos y en la vida. El crecimiento personal es directamente proporcional al crecimiento profesional, de la abundancia, de la felicidad y, por supuesto, de la paz interior.

Hay tantos egos como personas, tantos mapas como individuos y tantas huellas dactilares como seres humanos. Conoce el tuyo y conviértete en tu propio maestro, sé un líder para ti y dejarás de ser una víctima de las circunstancias.

En el momento en que cambias tu calibre emocional y pasas del miedo al amor, tu vida cambia. Te sientes sostenido por ella, captas el orden existente en todas las cosas y sistemas, te dejas "colocar" porque confías en el proceso. Al fluir consigues grandes logros sin tanto esfuerzo, siendo conocedor de que todo lo que sucede es para tu mayor bien, abrazándote a ti mismo y manteniendo a raya al ego saboteador de todo bien.

Ponte a ti mismo a buen recaudo y por delante de todo dolor, deja de presionarte con las enfermedades, de ahogarte guardando un dinero que ni si quiera crees merecer, deja de oprimirte la vida y ponte por delante. Deja de colocarte por detrás de las opiniones de los demás intentando controlar el qué dirán, deja de prostituirte emocionalmente ocultando tus verdaderos sentimientos por miedo al rechazo. Deja de una vez de romperte en pedazos por mantener enteros a los demás.

...

Cuando ejerces un control exterior, no ejerces un control interior. Si controlas fuera, dejas de controlar dentro. Este mecanismo impide que tu vida tenga un orden, un equilibrio, tampoco eres capaz de sentirte bien. Tu vida es controlada por los hilos de otros, eres como una marioneta al servicio del actor de turno.

Abrázate, protégete, ámate, estate contigo mismo y podrás sentir que la vida y su orden te colocan donde tienes que estar, en el lugar que mereces. No sirve que te quedes en casa meditando o leyendo este libro todo el día, has de ACTUAR cual estrella del rock.

Conecta con tu SER y habla con él, escucha tu intuición, es la guía más poderosa que puede tener un ser humano. Si no sabes lo que hacer en un momento dado, no hagas nada. Es así de fácil, deja de complicarte la vida con tus personajes tóxicos y haz la mejor actuación de tu vida con el verdadero SER de amor que eres. Conecta con tu divinidad desde la calma, dedícate unos minutos al día para viajar ahí dentro y tomar conciencia de una vez de que lo tienes todo, sí como lo oyes. En el inconsciente tenemos absolutamente todos los recursos que necesitamos para satisfacer nuestras necesidades. Atrévete a conectar con ellos, búscalos y los encontrarás.

Cuando se controla de manera excesiva, el estado de alerta mental se incrementa tanto que no dejas espacio para lo nuevo, la meditación diaria es la mejor medicina para construir una vida dichosa y exitosa.

Para llenar una taza de sabroso té, primero debes vaciar el agua sucia que contiene.

...

Quiero contarte algo que romperá tus esquemas: si deseas algo en la vida, no tienes que hacer nada, simplemente dejar de impedir que eso suceda. La forma de hacerlo consiste en domar bien a tu ego. Para ello has de sacar a tu SER de paseo y hacer a un lado a tu ego, atraviesa el laberinto del alma, trasciende tus propias heridas personales y obtén la victoria ganada. Haz una buena limpieza en ti y mira bien a qué y a quién dejas espacio en tu vida.

Mientras tienes el inconsciente lleno de basura emocional, proyectas toda esa basura quedándote sin perspectiva para ver lo que ocurre de verdad delante de tus narices. Este libro junto con la saga completa, te ayuda a derribar todos esos muros con los ejercicios adecuados. Sigue leyendo conscientemente, respira cada palabra, cada frase, cada párrafo. Y, por supuesto, haz todos los ejercicios.

...

Al término del tercer libro, si has hecho correctamente todos los ejercicios, un nuevo horizonte se abrirá ante ti, el negro dará paso a la luz y al color, los muros a puertas y ventanas. Requiere trabajo, sí, pero el premio es muy alto. Cuando limpias tu basura interior y vacías las piedras de tu mochila, eliminas el estímulo inconsciente de tus proyecciones, comenzando a tener una vida diferente. Consecuencia de percibir una realidad más amplia y objetiva. No es magia ni milagros, es ciencia pura. No vemos con los ojos, sino con la mente, vemos a través del SAR (sistema de activación reticular), cuyo foco de atención se ve condicionado por lo depositado en la mente que no ha sido resuelto. Allá donde antes veías miseria, ahora eres capaz de crear abundancia, allá donde antes veías dolor, ahora eres generador de alegría. Allá donde antes te apegabas, ahora sueltas y dejas ir. ¿El precio? Una adecuada higiene emocional.

¿A caso te vistes con la ropa sucia tras ducharte en el gimnasio o preparas la comida con la basura de la cena anterior? Entonces, ¿Por qué utilizas tu basura emocional para crear tus proyectos de futuro? Despierta!

...

Eres un ser divino, de luz. Sana y deja ir todas esas heridas emocionales. Atrévete a confrontar la realidad que tienes dentro y dejar de dar espacio en tu vida a las cosas que te perjudican. Sé implacable con aquello que te reste valor, sácalo de tu vida inmediatamente. Eso sí, sánate primero, si no lo haces te darás de bruces con la realidad que tienes dentro y dejarás espacio en tu vida a personas y circunstancias que te harán sentir impotente y no valorado. Las culparás, las criticarás pero no serán ellas, serás tú dándoles cabida. Te guste o no, así es. La explicación es muy sencilla, esas personas reflejarán lo que tú crees de ti mismo, te harán de espejo. Rómpelo de una vez, apuesta por ti, sánate y calibra alto emocionalmente, entonces empieza a ver en tu vida milagros de verdad. Si te apetece, te espero al otro lado del tablero.

Has de ser consciente de que tienes una fuerza de atracción muy grande, no hablo de esoterismos de la mente o leyes de la atracción, sino de ciencia y corazón. Científicamente está demostrado que nuestro corazón posee una capacidad electromagnética de atracción cinco mil veces superior a la de nuestro cerebro. Algunas personas quieren algo y desarrollan un plan estratégico de acción, trabajan duro para ello pero se frustran porque no lo consiguen, lo piensan y lo piensan y hacen algo pero no lo crean finalmente. Lógico, no es de extrañar si tenemos en cuenta que no han sanado las heridas que envuelven su corazón y, con ellas, su capacidad de conectar con el amor. Es como si pretendieran atraer un buque de seis toneladas con un imán tamaño bolsillo, parece bastante improbable.

...

Cuando tu corazón está bien sano, estás conectado con tu fuerza interior, con el niño interior alegre y lleno de vida que eres, tienes una brújula superior a la del mejor aventurero. Conecta con ese niño y disfruta, atraviesa tus heridas y ve camino a tu corazón, es el viaje de tu vida, la tarea más importante que tienes por hacer y tu responsabilidad como ser humano.

Tu corazón está sano y limpio, siente la conexión contigo mismo, es tu palanca de Arquímedes para mover el mundo.

Cuando estás plenamente conectado a tu niño interior, eres compasivo, vives en el aquí y ahora, ves con un nivel superior de conciencia, disfrutas con la aventura, la incertidumbre y agradeces todo lo que vives, abres espacio en tu camino de vida para nuevas y positivas experiencias. Se lo debes a ese niño ya, aprovecha este libro como debes para atravesar tus heridas y liberar la magia en tu vida.

No creamos lo que queremos, creamos lo que somos. Ahora bien, ¿qué sucede si acabas de tomar conciencia de que tienes un gran saco de basura emocional dentro de ti y de que te es imposible conectar con tu niño interior porque tu ego te está jugando malas pasadas?

Lo primero que te diré es enhorabuena! has tomado conciencia de lo que tienes dentro, ya has superado el primer y más importante paso. Ahora sólo te queda hacer limpieza.

Esta saga te da las claves para ello, el apartado "efecto Pigmalión" te ayuda a comprender mucho más cómo creamos nuestras circunstancias, generando una realidad en base a nuestras creencias y manifestándola. Lo más significativo de este proceso sucede cuando el sujeto confirma su creencia y se dice para sus adentros, o hacia fuera con un ego bien inflado: "¿ves? Yo tenía razón".

Hay personas que prefieren morir a rendirse a sus errores. Prefieren tener razón a ser felices. ¿En qué grupo estás tú?

...

Sin embargo, ¿qué quieres realmente para tu vida: tener razón o ser feliz? Yo tomé la decisión hace algún tiempo y no me arrepiento. Todo empezó a fluir cuando comencé a dejar ir, a confiar y a actuar según los dictados de mi corazón pero esto es algo que el ego no entiende y algo que al ego no le gusta.

Mirar las amenazas y enfocarse en los peligros, al ego le gusta estar ahí, en perpetuidad, aislándote e impidiéndote vivir; protegiéndote sí, pero hasta de tus deseos, encarcelándote en una jaula. Déjalo a un lado y comienza a escuchar a tu SER. Limpia tu saco, date cuenta de que hay algo mucho más grande que tú, que tu ego es muy pequeño en comparación con tu SER. Te darás cuenta de que tienes tanto y eres tan grande que comenzarás a dar en lugar de pedir, consecuencia inequívoca de que tu vacío interno ha desaparecido, siendo sustituido por plenitud y emoción de dicha constante.

Te levantas por la mañana y tomas conciencia de lo que tienes, permítete llenarte de la energía universal, pon el contador a cero tras hacer limpieza y vive ligero, disfruta del momento y date cuenta de lo verdaderamente importante. Eres capaz de poner tus recursos a tu disposición, hazlo por ti, motívate, ilusiónate, abre la mente y observa sin etiquetas, deja a un lado la expectativa y ve lo que ES. El dolor viene y se va, dejando espacio para algo nuevo, el sufrimiento desaparece, pues no es más que apego al dolor. Vivir en el presente en el aquí y en el ahora es vivir en la dicha, siendo conocedor de que lo tienes todo, es lo que te da la capacidad del desapego, convirtiéndote en un ser dichoso, alegre, autocompasivo y hacedor de una vida plena.

Cuando te desapegas de todo se te ofrece todo, cuando intentas controlarlo todo te vuelves loco, infeliz, comienza el dolor y la frustración. Suelta, deja ir, sin olvidar tu destino.

Quiero ayudarte a vivir desde otro lugar, porque sé que es posible y que tú también puedes. La verdad es contemplada por la luz, permítete poner luz a la oscuridad de tu vida, la verdad no contempla el sufrimiento porque éste no existe realmente, sólo es ausencia del SER y apego del ego al dolor, al igual que la oscuridad no existe como tal sino que es ausencia de luz.

Como es arriba es abajo, se trata de una de las leyes universales, como la de la gravedad:

"Sólo los árboles cuyas raíces han tocado el infierno, pueden crecer hasta el cielo".

Cuanto más profundo llegues a ti, más alto volarás; cuantas más heridas atravieses, más ligero y libre serás.

Deja de buscar excusas fuera, culpables o lo que sea. Despierta ya y date cuenta de que tú eres el actor, el director, el creador y el proyector de tu propia vida. De toda tu vida al completo.

Como ves la vida es tu vida, sólo la tuya, pues esas son tus gafas, no es la vida, eres tú.

Sigue leyendo si deseas DESPERTAR!

1.3 El papel de las Inteligencias Múltiples

A lo largo de los tiempos, nuestro sistema educativo se ha caracterizado por perpetuar la idea de que la inteligencia se mide en base al coeficiente intelectual, dando por descontado que, a mayor inteligencia lógico-matemática, mayores capacidades.

A día de hoy esta idea ha sido refutada desde muchos frentes, aunque todavía nos quedan muchas horas de trabajo hasta que podamos vivir bajo un sistema educativo con unas herramientas de medición en condiciones, con un método de trabajo que construya personas y no máquinas pensantes.

En la educación escolar, la repetición es la reina de la retención memorística de información, las pruebas de medición de conocimiento se fundamentan en exámenes que miden únicamente la retención memorística de información. Se felicita al alumno si saca una buena nota y se le reprende si saca una mala nota, sin la contemplación de sus capacidades a otros niveles. Este sistema de enseñanza, perpetuado a lo largo de muchas décadas, ha generado una serie de paradigmas en el imaginario colectivo. Entre otros, correlacionando el nivel de valor personal al nivel de puntuación, haciéndose explícita la creencia: "tu valor personal depende de la nota de tu examen, vales cuanta más nota saques. Si suspendes, no vales".

El número de personas con serios problemas de autoestima a causa de esta creencia está a la orden del día, por ejemplo, personas ancladas a la autoexigencia excesiva y con brillantes carreras pero frustradas por no ser perfectas, siendo intransigentes ante cualquier pequeño error y muy enfocadas en la carencia. Alumnos de instituto y universidad con altas cotas de ansiedad a causa de los exámenes o niños tristes porque no dan más de sí en el colegio.

¿Habrá mayor atrocidad que evaluar el valor de una persona por una nota en un centro educativo?, ¿Habrá mayor equivocación que medir la inteligencia de una persona por un tipo de inteligencia de las ocho que existen?, ¿No es esto reducir a lo inhumano y hacer máquinas de competición en vez de educar a seres humanos y emocionales?

Esto es absurdo completamente. Decía Albert Einstein: "Si valoras a un pez por su capacidad de trepar un árbol, creerá toda su vida que es un inepto".

...

Hay millones de personas en el mundo que son grandes talentos y que están en su casa pensando que no valen nada porque un día suspendieron un examen. El coeficiente intelectual, de hecho, únicamente mide la inteligencia lógico-matemática, una de las múltiples inteligencias que existen. La única a la que se le da peso en nuestro sistema educativo, esto lo convierte en deficitario y en una fábrica de inconscientes o zombies emocionales.

¿De qué sirve tener un premio extraordinario de doctorado si no sabes relacionarse con los demás, si no tienes inteligencia social o emocional? ¿Cómo crees que te irá en un trabajo en equipo?

...

Obviamente, te será bastante complicado llevarlo a cabo y, por descontado, tus notas no te servirán para gestionar tus relaciones en el trabajo.

¿De qué le sirve a un padre felicitar a su hijo por sacar un 10 en matemáticas si cuando llega a casa desahoga su frustración a gritos con él? De nada bueno. Sólo estará creando un zombie más, un niño sin autoestima que lo único que quiere es que sus padres lo amen y no le griten y hará lo que sea con este fin, incluso, sacar un 10 en matemáticas para obtener la atención de su padre.

He visto a lo largo de mis años en consulta, múltiples casos de grandes cerebros lógico-matemáticos pero nulos en inteligencia emocional, personas que han fracasado laboralmente porque una de sus inteligencias no fue desarrollada en su momento y ahora han de ponerse manos a la obra. Poseemos muchas inteligencias más, además de la lógico-matemática, Howard Gardner ya lo postuló en 1983 diciendo que la mente estaba compuesta de las siguientes inteligencias: lingüística, lógico-matemática, espacial-visual, musical, corporal-kinestésica, intrapersonal, interpersonal y naturalista. Volviendo a la frase de Einstein: "si juzgas a un pez por su habilidad de trepar un árbol creerá toda su vida que es un imbécil", esto mismo es lo que les sucede hoy día a muchas personas que creen que son ineptas porque no sacaron buenas notas, porque dejaron los estudios, porque no tienen una carrera, o si la tienen, porque su colega tiene más sexenios, porque su compañera ha obtenido más ascensos o por lo que sea, dejemos ya de compararnos, es absurdo, cada uno posee unos talento diferentes.

Un gran número de personas se desvalorizan por todo ello, por compararse, por mirar fuera en vez de dentro. Siendo fieles a un paradigma antiguo donde la competencia estaba a la orden del día y la autoestima muy vinculada exclusivamente a los éxitos profesionales.

¿A cuántos niños que eran auténticos genios en el arte, la actuación, el baile o la música se les dijo que no valían porque no sacaban buenas notas en lenguaje o matemáticas? ¿Cuántas mentes brillantes ha perdido el mundo por una serie de creencias limitantes que reducen todo conocimiento a la capacidad memorística?

...

Cuando aprendamos a medir por el mismo rasero todas y cada una de las inteligencias que poseemos y les demos el valor que merecen, el mundo comenzará a ir un poquito mejor.

¿Qué preferirías, tener un hijo con una alta estima de sí mismo, que se realice en aquello que le haga feliz, o un hijo con grandes notas y con la inteligencia emocional de un play móvil?

...

Los límites mentales están justo ahí, en la mente. Si a un niño pequeño le ponemos límites demasiado estrictos, rigideces o le castigamos severamente infundiéndole miedo, creamos niños "muertos", sin vida en sus ojos, ni sonrisa en su rostro. Pero si escuchamos su alma en todo su esplendor, veremos sus tendencias, hacia dónde va, qué demanda ese gran maestro que hay dentro de ese pequeño y descubriremos sus verdaderas capacidades. A tenor, me encuentro innumerables casos de padres que llevan a sus hijos a consulta, sobre todo en el mundo del coaching deportivo, para que les ayude a sacar la máxima puntuación o haga algo para que se esfuercen más. Padres que quieren que sus hijos hagan lo que ellos quieren, no lo que sus hijos quieren y que, cuando rascamos un poquito, vemos que el hijo lo hace por el padre, para satisfacerlo. Se trata de niños que se auto-exigen mucho por agradar o alcanzar a un padre inalcanzable emocionalmente y por más que hagan, no será suficiente. Deja ya de mirarte a ti y comienza a mirar tus hijos.

¿Alguna vez le has preguntado a tu hijo cómo se siente?...

¿Alguna vez le has preguntado a tu hijo si es feliz con lo que hace?...

Hazlo hoy, ahora!

Dejemos a nuestros hijos actuar, observemos la divinidad que hay en ellos más allá de nuestro propio ombligo; el mundo puede perderse un gran talento a causa de nuestro propio ego. Si tu hijo es bueno en música y malo en matemáticas, está demostrando grandes capacidades para un tipo de inteligencia, enfócate ahí.

Seguro que conoces a algunas de las personas que voy a nombrar a continuación, personas a las que se les dijo que no valían nada, que dejaran los estudios porque eran auténticos zoquetes. Personas que, gracias a su fuerte personalidad y fe en sí mismas, ignoraron las afirmaciones de terceros que no creyeron en ellos:

-Walt Disney fue despedido de un periódico por falta de creatividad -inteligencia creativa, hemisferio derecho-.

-A Steven Spielberg le rechazaron su solicitud a la Universidad por "ausencia total de talento".

-Albert Einstein no habló hasta los cuatro años de edad, su maestro afirmó: "no saldrá nada bueno de este tonto".

-Thomas Edison fue expulsado de la escuela, su maestro escribió una nota a su madre diciendo que era un retrasado mental.

-Dmitri Mendeléyev no aprobó los exámenes de química en la Universidad de San Petersburgo.

-El Emperador Ferdinand afirmó de Mozart que en su "Casamiento de Fígaro" había demasiado ruido y pocas notas musicales.

-A Tony Blair le dijeron que no tenía habilidades sociales.

-A Oprah Winfrey la despidieron porque "supuestamente" no valía para la televisión.

-Los Beatles pasaron por 27 discográficas de las que fueron rechazados. La 28 los aceptó.

¡Sorprendente!

...

Éstos son sólo unos pocos de los casos de "famosos fracasados" y así un largo etcétera de personas con un gran talento en otro tipo de inteligencias que, afortunadamente, creyeron en sí mismas, por encima de la opinión ajena.

La confianza en uno mismo es la clave de todo éxito, no tu aptitud, sino tu actitud. Como padres o profesores tenemos una gran responsabilidad para con nuestros pequeños, además de aptitudes, también somos generadores de actitudes y estamos influyendo en su futuro de pleno. Quizá eres padre o profesor, voy a hacerte algunas preguntas para recapacitar. Reflexiona y escribe:

¿Cómo tratas a tus hijos/alumnos cuando cometen un error?

____

____

____

____

¿En qué tipo de inteligencia destaca tu hijo/alumno? Observa su inclinación.

____

____

____

____

¿Eres rígido o flexible en tu forma de educar?

____

____

____

____

¿Con qué tipo de estrategias podrías reforzar positivamente a tu hijo/alumno? Anótalas.

____

____

____

____

Según sean tus respuestas, estarás educando niños con una autoestima sólida o niños con un sentido de valía deficitario que intentarán llenar un vacío interior el resto de su vida.

Como padres, profesores y educadores, hemos de llevar mucho cuidado con el trato que damos a nuestros alumnos, podríamos estar desperdiciando el talento de un gran músico porque ha suspendido matemáticas, o eliminando del mapa al descubridor de la vacuna del SIDA porque ese día suspendió el examen de química. Las cosas no son lo que parecen, ni tan obvias ni tan simples, nuestra mente es compleja y, al mismo tiempo que es poderosa, también está muy limitada. Si no tomamos conciencia de esto, podemos eliminar la posibilidad de ver la divinidad que somos y que son los niños a los que estamos educando. Nuestras creencias no sólo nos limitan o potencian a nosotros, también limitan o potencian a las personas que están a nuestro cargo, a personas cuya educación está en nuestras manos. Las creencias son paradigmas o constructos mentales que alguien puso ahí y que nosotros guardamos. Son filtros para poder ver las cosas y son tan efectivas que acabamos viendo la realidad como pensamos, no como es.

AHORA BIEN, ¡TU TRABAJO ES APRENDER A UTILIZAR TUS CARTAS CORRECTAMENTE, ES DECIR, A TU FAVOR!

2. ADENTRÁNDONOS EN LAS PROFUNDIDADES INTERIORES

Este apartado contempla el paso previo al despertar para aquellos que viven muy sumidos en su sueño. El primer paso para aprender a conducir un coche es conocer sus botones, sus mandos e instrucciones. ¿De qué sirve tener un Ferrari en la puerta de tu casa si no sabes conducir? De nada, ese Ferrari será chatarra.

¿Cómo vas a manejarte en la vida si no te conoces, si no sabes quién eres ni de lo que eres capaz?

...

Si no te conoces bien, pagarás un precio muy caro porque serás eslavo de ti mismo proyectando tus sombras en otros. Los siguientes apartados arrojan luz a tus sombras.

2.1 El laberinto del alma

El arco iris de las emociones se torna en escala de grises cuando nuestras heridas emocionales toman protagonismo. Éstas configuran la base del carácter, quiero compartir algunas contigo con el fin de ayudarte a tomar conciencia de cómo operan y de qué manera puedes trascenderlas.

La forma de comunicarte contigo mismo se ve influida por tus heridas, ábrete a autodescubrirte y a dar las gracias cada vez que tomes conciencia de una de ellas, pues viene para traerte información valiosa sobre ti.

Solemos ser muy duros con nosotros mismos, más que con los demás, machacándonos con nuestras faltas y errores. Ya no tienes que hacerlo, te mereces una vida mejor, eres merecedor de una vida con paz interior.

He bebido de muchas fuentes y he experimentado a lo largo de mi vida situaciones muy duras, algunas cercanas a la muerte y puedo asegurarte que estamos perfectamente dotados para vivir situaciones límite. Tienes los suficientes recursos para salir y volver a renacer como el ave fénix, es más, puedes hacerlo con tus recursos internos, no es necesario buscar fuera. Esos recursos tienen directa relación con tu discurso interno, con la relación que estableces contigo mismo a través de las palabras con las que te hablas. Sé tu mejor amigo y ayúdate, sostente, sé bueno contigo para que tu vida comience a funcionar a tu favor.

...

El conocimiento que compone tu nivel de conciencia depende de la cantidad de luz que has dado a tu oscuridad, de la basura que has sacado a reciclar. Ante un problema, la solución hay que buscarla en otro lado.

"Ningún problema puede ser resuelto en el mismo nivel de conciencia en el que se creó"

"Si queremos resultados diferentes no podemos seguir haciendo siempre lo mismo"

Einstein

De nada te ha servido machacarte, contempla la posibilidad de utilizar recursos más productivos. Tomar conciencia de que mereces todo lo bueno y de que eres un ser de infinitas posibilidades. Tienes los recursos para poder llevar una vida de paz interior, lo único que ancla el sufrimiento es la no trascendencia de las heridas del alma.

Vamos a elevar anclas para que puedas volar alto. Diversos autores han hablado de las heridas emocionales, por ejemplo la escritora estadounidense Louise L. Hay[1] o el educador y conferenciante John Bradshaw[2] . Puedes beber de muchas fuentes, por mi parte te recomiendo estas dos.

La transcendencia de las heridas del alma es la llave para alcanzar un estado de paz y equilibrio interior, vaciar y limpiar el vasito que albergas dentro del corazón. No se trata de saberlas a nivel cognitivo, eso lo hace cualquiera, sino de trabajarlas en profundidad, desde el alma, no desde la mente. Es aquí donde vas a presentarte a ti mismo el guerrero que llevas dentro.

Te sugiero que hagas los ejercicios pausadamente, ve despacio en su lectura, siente cada palabra, cada frase. Respira e integra, deja que entre o salga de ti lo que sea, sin juicio ni expectativa más que la de crecer y hacerte persona.

Desgrana cada una de las heridas y te invito a que las respires mientras lees lentamente, sintiendo qué hay de ti en cada una de ellas. Abre tú espacio interior para

---

1 HAY. L. "Usted puede sanar su vida". Boosk4pocket, 2007.
2 "Volver a casa: recuperación y reivindicaciones del niño interno". Los libros del comienzo, 2006.

comenzar a integrar todo aquello que tu alma necesite. Concédete esta lectura como regalo.

-Los juicios y las creencias

Común en nuestra sociedad, ejercen de pilares de los paradigmas mentales, son los barrotes que limitan el perímetro de la cárcel mental. Configuran, de hecho, nuestras mentiras personales acerca de quién somos y qué somos capaces o no de hacer. Por lo que son los detonadores de nuestros comportamientos, por ende de nuestro destino. Los juicios y creencias construyen la casa mental, nuestro hábitat, la forma de relacionarnos con el mundo y con nosotros mismos. Date cuenta de qué es lo que más criticas, de cuáles son tus límites, de qué es lo que más rechazas, a qué cosas le das cabida en tu vida y a qué no.

...

¿Qué es lo que más rechazas en la vida, en ti y en los demás? Reflexiona y Anota:

____

____

____

____

____

____

____

Ahora reflexiona sobre la siguiente pregunta:

¿Qué cosas me impido vivir o disfrutar a causa de todos esos rechazos?

...

Anota sólo cuando hayas hecho un auténtico ejercicio de introspección y de honestidad para contigo mismo. Puede ser que a lo largo de la lectura vengan nuevos haces de luz al respecto. Vuelve y anota cada vez que lo necesites:

____

____

____

____

____

____

____

Al igual que los juicios, las creencias son constructos mentales sobre cosas y conceptos que dan forma al modo en que construimos nuestro mundo y a la forma que tenemos de comportarnos. Son puntos de apoyo donde nos agarramos para vivir, donde descansamos y nos sentimos seguros. Algunas nos ayudan a alcanzar una meta (creencias potenciadoras) y otras nos lo impiden (creencias limitantes).

Por ejemplo, si deseas invitar a un café a la chica que te gusta pero no te atreves a ir a hablar con ella porque tienes una creencia limitante que te dice: "vas a hacer el ridículo, no se va a fijar en ti", probablemente desistas de hacerlo. En cuyo caso estás perdiendo toda posibilidad y oportunidad. Quizá a esa chica también le gustes pero tu creencia de desvalorización sobre ti mismo hará de barrera para contemplar esa posibilidad, impidiéndote verla.

Puede ser que desees tener paz interior y, sin embargo, no la tienes. Obviamente, una creencia limitante se está cruzando por el camino de tu mente. Quizá piensas que no mereces la paz, quizá que no tienes derecho a tener tu propio espacio o que tus deseos no son tan importantes como los de otros. Así mismo, el tronco de estas creencias se erige como una mentira personal: "soy egoísta si me cuido, me doy espacio y valoro." Operando en tu mente afirmaciones cómo: "¿Qué van a pensar de mi?". En cuyo caso das importancia a los demás dejándote a ti en un segundo plano. Te perdiste!

El problema radica en que si te olvidas de ti mismo y das a los demás sin darte a ti mismo, al final te desgastas y exiges a otras personas que te devuelvan lo equivalente a lo que diste. La forma sana de operar es dar cuando estamos llenos, sin expectativas, dar porque nos nace y nos sale. Se trata de dar a otros cuando nos hemos dado a nosotros mismos, por lo menos, lo suficiente como para estar en paz y sentirnos sobradamente llenos. Así damos desde un lugar de plenitud y no de carencia.

Ahondemos en tus creencias potenciadoras y limitantes, mira a ver cuál es tu estado deseado y qué te separa de él.

...

Seguramente hay cosas que has conseguido fácilmente, deseos que a otras personas les cuesta o no pueden. Puede ser cualquier cosa, desde montar un negocio, hasta hacer unas estupendas magdalenas al horno, desde hacer una operación matemática compleja, hasta tener paciencia con tu hijo cuando llora o se enfada. Cuando algo te sale fácilmente, está dentro de tu zona de confort, posees paradigmas positivos con creencias potenciadoras.

Éstas operan a través de las conexiones neuronales, del lenguaje interior y la programación neurolingüística a modo de afirmaciones o frases que impulsan la conducta para alcanzar lo deseado. Nos llevan ahí de una manera fluida sin tener que hacer ningún esfuerzo. Es como el río que lleva la corriente y nos conduce dulcemente, llegado al mar con un agradable paseo. Si te das cuenta no has hecho nada y ha sido sencillo. Toma la metáfora del río como el fluir de la vida hacia tu ser, permítete SER. Las creencias limitantes son aquellas piedras, trozos de madera o diques de ese río, simplemente son los límites que cortan el fluir del río hacia el éxito.

¿Qué es el éxito?

...

¿Qué es éxito para ti?

____

____

____

____

¿Te has parado alguna vez a responder a esta pregunta?. Párate y escribe qué es éxito para ti porque no existe una definición de éxito, sino tantas como personas habitan el planeta. Éxito puede ser aprender a nadar, ser millonario, vivir con paz continua, tener un bebé o sacar una carrera. Cada persona va a marcar qué es éxito para sí misma y lo alcanzará siempre y cuando sea su auténtico deseo, no el de otra persona. Esto es clave fundamental para tu realización y éxito personal.

A veces nuestro éxito es fruto de una creencia de un tercero, es decir, aquello que otra persona proyectó sobre nosotros; generalmente nuestros padres o personas allegadas. Hay personas que alcanzan lo deseado y no se sienten exitosas. Cuando rascas un poco, tomas conciencia de que es causado por un mecanismo de este tipo, inconscientemente están complaciendo a una de sus figuras de referencia.

Piensa, ¿Tu definición de éxito es tuya o es de otra/s persona/s? Piénsalo detenidamente y escribe.

____

____

____

____

Si es así, abandona por un momento esa proyección, deja ir aquello externo que te gobierna, haz un profundo ejercicio de reflexión y escribe de nuevo qué es tener éxito para ti. Algo que te ayuda es recordar en qué momentos de tu vida te has sentido más realizado y feliz. Suelta etiquetas y adéntrate en tu SER.

____

____

____

____

Los límites del fluir hacia tu destino deseado son las creencias limitantes ejerciendo de barrera. Una creencia se forma por repetición o por un alto impacto emocional. Cuando eras pequeño papá y mamá te decían: "esto si" o "esto no", "esto está bien", "esto está mal", "ve por aquí", o "no vayas por allá", había un refuerzo positivo repetidamente cuando hacías lo que ellos deseaban y un castigo cuando hacías lo contrario. Nuestros padres lo hicieron lo mejor que supieron porque nos amaban y querían lo mejor para nosotros, sin embargo nos educaban desde sus carencias y sus heridas, desde sus paradigmas y creencias.

Algunas de esas creencias, a día de hoy, te impiden alcanzar muchas de tus metas, otras te lo están facilitando. ¿Qué motiva esta operativa? El miedo o la ausencia de él.

Independientemente de lo que te suceda o sientas, cualquier momento es bueno para empezar, siempre y cuando empieces. Detecta primero cuáles son las creencias que te limitan y elabora afirmaciones que te ayuden a saltar esos diques, por ejemplo:

"No soy válido para realizar este trabajo". Cámbiala por: "Tengo los suficientes recursos y capacidades para desarrollar con éxito este trabajo". Repítela constantemente durante una cuarentena, escríbela veinte veces cada día. No pienses, sólo escribe. Te servirá para saltar el dique del río y volver a fluir estableciendo nuevas conexiones neuronales que te llevarán a tu estado deseado.

Ten en cuenta que a la mente le encanta lo conocido e intentará sabotearte mientras haces el trabajo, intentando evitar que salgas de tu zona de comodidad. Lo hará resistiéndose a soltar las creencias anteriores y poniendo un parapeto ante las nuevas creencias, a pesar de ser mejores para ti. Recuerda que la mente busca lo familiar y nos protege de lo desconocido, independientemente de si es positivo o negativo para ti.

La zona de comodidad o confort está compuesta por todo aquello que configura tu forma de ser, tus creencias potenciadoras y limitantes, tu autoconcepto, todo aquello que conoces, tanto a nivel externo como interno: tu casa, los lugares a los que has ido, los caminos transitados, tus valores, tu forma de ser y la de tu familia, todas tus ideas sobre ti y sobre el mundo. Es decir, toda la información en tu mente contenida y que conforma tu forma de ver el mundo.

El único objetivo de la mente es protegerte, evitar que salgas de la zona de confort. Imagina cómo será para una persona que ha vivido en perpetuo maltrato salir de ahí a un entorno positivo. Veamos un ejemplo:

Una mujer con padre alcohólico y maltratador que se casa para salir de su entorno familiar. No obstante, su nuevo marido también es alcohólico y con los años termina maltratándola.

...

¿Ves cómo actúa la cárcel mental para evitar salir de la zona de confort?

En la zona de confort de esta mujer habitan paradigmas, vivencias y creencias que la sitúan cómodamente en un entorno hostil orientándola a vivir tóxicamente reproduciendo sus vínculos primarios, alejándola de una posible relación saludable.

¿Cómo?

El miedo que aparece en primera instancia es tremendo. La mente se relaciona con lo conocido, aunque sea negativo y hostil, pero es conocido y a la mente le gusta. La forma que utiliza para protegernos es a través de la parálisis del miedo o de cualquier otra emoción limitante. De este modo huimos de sentir eso en aras de sentir comodidad. Estando ésta asociada a un entorno tóxico y aquél a un entorno saludable.

¿Comprendes esto? Piensa detenidamente sobre ti.

Si has tomado conciencia de qué parte de tu zona de confort es tóxica para ti, deberás tener el suficiente coraje como para mirar de frente tus miedos y atravesarlos con fe. No se trata de algo que puedas hacer de la noche a la mañana pero sí puedes ir entrenándote con este libro para comenzar a trascenderlos.

Cuando atravesamos la zona de confort, entramos en un territorio de pánico absoluto, sentimos que desaparece el suelo, que no hay a donde agarrarse. Es ahí cuando nuestra alma comienza a cerrarse, a cicatrizar, a agarrarse a sí misma con confianza porque no le queda otra y, a partir de ahí, comienza la zona mágica, donde los milagros empiezan a aparecer en tu vida.

Si anhelas paz interior con todas tus fuerzas, estoy segura de que lo harás, tomarás las fuerzas y el coraje necesario para coger al miedo de la mano y caminar con él, bien cogida y mirándolo a los ojos. El objetivo del miedo es paralizarte pero tú eres más grande, sólo tienes que saberlo. Para todo ser humano es un derecho propio tener paz interior y vivir en calma. Has de quererte lo suficiente como para sentirte merecedor y saber que, independientemente de tus circunstancias, puedes conseguirlo. Tendrás la oportunidad de trabajar esta emoción en el apartado "miedo".

Lo primero de todo para salir de donde estás es soltar y abandonar tu antiguo "yo", ese "yo" que tenía los paradigmas limitantes, después caminar hacia un "yo" con paradigmas positivos, libres de culpa y juicios.

Paradigmas buenos y positivos donde tú ocupas el centro de tu vida, dirigiéndola. Sólo contigo al mando podrás ser realmente feliz y harás feliz a los que están a tu alrededor.

Los juicios acompañan a las creencias catalogando la realidad en dos polaridades: buena o mala. Cuando algo sale de nuestra zona de confort lo juzgamos, la mente lo hace como mecanismo de protección, poniéndole una etiqueta: "no conocido = malo/peligroso". Puede ser bueno, sí, pero los sentimientos que aparecen dicen lo contrario. Has de ser más astuto que tus heridas egoicas mentales. Toma conciencia de tus cárceles mentales, construidas con tus juicios y creencias. Duda hasta de lo que sientes!

Realiza el siguiente ejercicio:

En primer lugar, busca un sitio cómodo y relájate. Vamos a hacer una introspección para detectar qué aspecto de tu vida sientes que no funciona bien. Cierra los ojos y relájate, no corras, comienza tu respiración consciente y deja que emerja toda la información que tenga que venir. De momento puedes escribir, qué no funciona bien en tu vida:

____

____

____

____

Ahora indaga sobre tus juicios y creencias, escribe las afirmaciones que te vengan a la mente sobre cada área:

____

____

____

Por ejemplo, si has escrito "mi relación de pareja" como asunto a tratar, escribirás lo que es para ti el amor, lo que hay que hacer para estar en pareja, cómo son para ti las personas del sexo opuesto y cómo eres tú como pareja: "el amor es...", "para estar en pareja tengo que...", "los hombres/las mujeres son...", "yo soy..."

Puedes comenzar en esta página con un aspecto a trabajar, aunque puedes utilizar todos los folios que necesites para hacerlo. Pliégalos y después introdúcelos en esta hoja del libro con el fin de que tengas juntos todos los ejercicios de cada uno de los asuntos que quieres tratar.

El amor es:

____

____

____

____

Para estar en pareja tengo que:

____

____

____

____

Una relación de pareja es:

____

____

____

____

Los hombres/las mujeres son:

____

____

____

____

Cuando estoy en pareja soy/me comporto:

____

____

____

No se trata de juzgarte, mucho menos de culpabilizarte, sino de ser todo lo honesto que puedas. De esta forma darás luz a tu operativa mental y a los paradigmas que rigen tu zona de confort en esa área. Por ejemplo, si has escrito "para tener amor hay que sacrificarse", esta creencia estará provocando que tu relación de pareja sea un auténtico sacrificio, ¿Cómo?

De todas y cada una de las formas que tu mente quiera, bien sea dejándote a ti mismo para después, complaciendo encarecidamente a tu pareja, abandonando tus necesidades y deseos para dar prioridad a los del otro, etc.

Si, por el contrario, una de tus creencias es potenciadora, por ejemplo: "el amor es seguridad", tus relaciones de pareja se verán envueltas en circunstancias que confirmen dicha creencia. Probablemente, tendrás parejas que te aporten un sentimiento de tranquilidad, sirviéndote de apoyo en momentos clave. Disfrutarás de un tipo de relación donde habrá confianza y estabilidad del modo en que tú lo necesitas.

Una vez que hayas escrito todo, vas a separar las creencias que te ayudan de las que no te ayudan. Puedes utilizar este libro o, en el caso de necesitar más espacio, un folio apaisado dividido por una recta; escribiendo "creencias potenciadoras" y "creencias limitantes" como titulares en cada columna.

Creencias Potenciadoras:

____

____

____

____

____

____

Creencias Limitantes:

____

____

____

____

____

____

____

A continuación toma cada creencia y pregúntate:

¿En qué medida me acerca/aleja esta creencia del lugar al que quiero llegar?

Puedes comenzar en esta página y añadir todos los folios que necesites para tener bien trabajadas cada una de las creencias:

____

____

____

____

____

____

____

Antes debes recordar cuál es el punto de llegada u objetivo que deseas alcanzar: vivir con paz interior, crear un negocio, tener una relación de pareja feliz, etc. Escríbelo de nuevo:

____

____

____

Recuerda, si no lo estableces primero, dará igual qué creencias tengas o no, no tendrás norte ni dirección, tu barco irá a la deriva.

Después nos centraremos en trabajar las creencias limitantes. Relájate, siente cada movimiento, respira profundo. Si quieres ayudarte a ti mismo debes hacerlo respirando, conectando con tu cuerpo, sentimientos y emociones, porque en esa sutileza descubrirás tu auténtica verdad, no la que crees tener. Para todas y cada una de las creencias limitantes vas a hacerte las siguientes preguntas.

Aprovecha para trabajar una de ellas sobre el libro y, a continuación, pliega y añade todos los folios necesarios con las demás creencias trabajadas:

-¿De qué manera está influyendo esta creencia en mi vida?

____

____

____

____

____

-¿En qué modo determina mi manera de actuar y de tomar decisiones?

____

____

____

____

____

-¿Qué tipo de persona me hace ser esta creencia?

____

____

____

____

-¿Cómo me hace sentir esta creencia?

¿Qué decisiones me hace tomar esta creencia?

¿Qué acciones me hace tomar esta creencia?

-¿De qué manera me aleja de aquello que deseo?

-¿A qué me acerca esta creencia?

-¿De qué tipo de personas me aleja esta creencia?

¿A cuáles me acerca?

-¿Qué consecuencias tendrá en mi futuro más cercano el no deshacerme de esta creencia?

-¿Cómo puedo transformar esta creencia de limitante a potenciadora?

____

____

____

____

____

Escribe la creencia potenciadora correspondiente, es decir la opuesta a la limitante, ejemplo:

"El amor es sacrificio"

Transformación: "El amor es un trampolín para mi éxito"

Siente la diferencia emocional y sensorial en tu cuerpo al leer la nueva creencia.

...

Ahora toca el turno a tus creencias potenciadoras, sigue dejándote sentir con cada frase y cada palabra, sacarás el mayor provecho al ejercicio. Haremos exactamente lo mismo, trabajaremos cada una de ellas con las siguientes preguntas:

-¿De qué manera me ha ayudado tener esta creencia a lo largo de mi vida?

____

____

____

____

____

-¿Qué deseos he conseguido fácilmente y de manera fluida gracias a esta creencia?

____

____

____

____

-¿Qué sentimientos emergen en mi cuerpo cuando conecto con esta creencia?

____

____

____

____

-¿Qué decisiones y acciones vitales he tomado gracias a tener esta creencia?

____

____

____

____

-¿De qué manera puedo extrapolar esta creencia potenciadora a otra área de mi vida?

____

____

-¿Cómo puede servirme esta creencia para ayudarme a transformar mi vida?

Coge los folios que necesites para hacerlos, dóblalos por la mitad cuando termines e introdúcelos en esta hoja del libro.

Una vez que hayas hecho todos los ejercicios, habrás tomado conciencia de los anclajes que hay en tu lenguaje y estructuras mentales, de cómo están influyendo las emociones derivadas en tu camino de vida.

Un anclaje es algo que une partes, por ejemplo: dos palabras o conceptos, una palabra y una emoción, dos emociones, etc. Nuestra conducta funciona mediante anclajes. Voy a ponerte un ejemplo:

¿Alguna vez has ido andando por la calle y haz sentido un olor que te recordaba a tu infancia?

...

Aquí el olor hace de anclaje.

¿Alguna vez has sentido una emoción muy negativa (o positiva) al escuchar el nombre de tu ex?

...

El nombre ha hecho de anclaje.

¿Alguna vez has dicho que no a algo sin conocerlo y después sentiste que fue un error?

...

El juicio a lo desconocido hizo de anclaje.

¿Comprendes lo condicionado que estás y cómo tus anclajes influyen en tus decisiones, emociones y comportamientos?

...

La última parte del ejercicio consiste en reprogramar tu mente para que sea tu aliada y no tu enemiga. Escribe a continuación todas tus nuevas creencias potenciadoras, es decir, las que sustituyen a las limitantes y comienza a trabajar cada una de ellas por cuarentenas. Ponlas por orden de prioridad según tu sentir y tu propia intuición.

Nuevas Creencias Potenciadoras (Opuestas a las limitantes)

____

____

____

____

____

____

____

____

Las trabajarás por separado, es decir, la primera creencia durante cuarenta días, después la segunda creencia durante cuarenta días y así sucesivamente.

Ahora escoge el momento del día que te dedicarás a ti mismo para trabajar, puedes encenderte un incienso y una vela, o quizá hacerte tu té preferido, intenta utilizar el mismo momento del día durante los cuarenta días en los que trabajarás cada creencia.

Será tu momento, es algo para ti, así que mímate y cuídate mientras lo haces. Déjate sentir, permítete respirar cada una de las veinte repeticiones de tu creencia por escrito, sí veinte veces.

El ejercicio consiste en lo siguiente:

Coge un folio en blanco para cada día, durante cuarenta días realiza la misma operación. Escribe en ese folio de manera consciente veinte veces tu creencia, lo harás de manera pausada; escribe, respira y siente tu nueva creencia potenciadora. Puedes comenzar con la primera creencia en este libro, escríbela conscientemente viente veces:

1.____

2.____

3.____

4.____

5.____

6.____

7.____

8.____

9.____

10.____

11.____

12.____

13.____

14.____

15.____

16.____

17.____

18.____

19.____

20.____

No lo hagas rápido ni a desgana, porque no surte efecto. Hazlo con amor por ti, de manera sagrada, siendo consciente en todo momento de que ya es hora de cuidarte y de mirar por ti. Es un rato que te dedicas porque te lo mereces, te lo debes.

Ahora te doy una herramienta más para que, pasados los cuarenta días, te ayudes a ti mismo a tener unos mayores beneficios de programación neurolingüística:

Ponte una canción que te guste, a ser posible de música clásica o suave, una canción diferente para cada creencia y cuarentena, no mezcles diferentes canciones para la misma creencia, ni utilices la misma canción para diferentes creencias. Ponte los auriculares y con voz bajita escucha la canción mientras escribes tu tratamiento diario, de este modo estás condicionando mentalmente la música a la creencia, lo que genera un anclaje positivo y provoca que, tras la cuarentena, al escuchar la canción, emerjan en ti los sentimientos positivos provocados por la nueva creencia a nivel sensorial.

Haz este ejercicio con cada una de tus nuevas creencias potenciadoras, puedes hacerlo de manera secuencial o escoger cada creencia según el momento vital en que sientas que necesites hacerlo, pero hazlo. Al fin y al cabo, es contigo mismo con quien has de rendir cuentas.

-El exceso de autoexigencia

Se trata de una herida muy aceptada socialmente pero que tiene repercusiones nefastas para el que la sufre. Una cosa es ser exigente y otra muy distinta es tener exceso de autoexigencia, perfeccionismo y un afán insano por sobresalir a costa de la propia salud y del bienestar emocional.

En nuestra cultura occidental, dicho comportamiento puede verse como algo positivo, dado que se ha fomentado la cultura de la competición, la competitividad e, incluso, del perfeccionismo "trepa". En entrevistas de trabajo y procesos de selección suelen verse personas que, ante la pregunta: "¿Cuál dirías que es tu peor defecto?", confiesan ser muy autoexigentes, utilizando este "defecto" como elemento de persuasión positiva ante una pregunta bien estudiada. Pues bien, has de saber que a las empresas no les interesa contratar a personas con una autoexigencia excesiva porque no son rentables. La autoexigencia excesiva lleva al perfeccionismo y el perfeccionismo no existe, es inalcanzable, así de claro, nunca hay nada perfecto, todo es mejorable siempre. Por lo tanto, cuando operas desde la autoexigencia excesiva, lo haces desde una presión interior excesiva también, operas desde el no disfrute, desde un modo tóxico para contigo mismo. Te estás haciendo un daño tremendo que no te lleva a ningún lugar, sólo a desear cada vez más y a que nada sea suficiente.

Si te identificas con este tipo de conducta, al igual que te exiges muchísimo a ti mismo, exigirás muchísimo también a los demás. Te haces daño y se lo haces a tus seres queridos, viviendo con un foco perceptivo en la carencia, "cazando" constantemente lo que falta y dejando de ver toda la abundancia que la vida te ofrece.

¿Ahogas a los demás con tu exceso de exigencia?, ¿Te ahogas a ti mismo?, ¿Es suficiente cuando consigues lo que te propones o sientes que quieres más?, ¿Sientes un vacío interior permanente?

...

Este es el juego de la autoexigencia excesiva. La mente, el ego, por defecto, opera así. Quizá en tu infancia fueron rígidos contigo o tuviste padres inalcanzables emocionalmente, necesitabas "sobresalir" de alguna manera para que te vieran. A lo mejor aprendiste a vivir así. No importa cuál sea tu excusa, despierta y date cuenta de que es una excusa y empieza a mirar por ti, tu equilibrio y bienestar. Ya es hora de crecer.

Si te cuesta, date tiempo, sé paciente y comprensivo contigo mismo en la medida que puedas. Todos tenemos puntos ciegos y nadie es perfecto. Tus padres fueron víctimas de víctimas, al igual que tus abuelos y bisabuelos; tú mismo también, por supuesto, como lo serán tus hijos. Quizá este dato te ayude para ablandar tanta rigidez, así es, tus padres querían lo mejor para ti, educándote tal y como supieron, según sus conocimientos y estado de conciencia. Toma lo que te sirvió, suelta lo que te dañó y busca en otro lugar lo que no te dieron, no te lo dieron porque no lo tenían, no podían, asúmelo. Ahora es turno de crecer y transcender, hazlo por los que vienen detrás.

Reflexiona sobre estos conceptos, te ayudará a tener paz interior. Ser exigente puede ser positivo cuando has de tener foco y disciplina para realizar una actividad, pero la autoexigencia excesiva te puede llevar a una grave enfermedad. Hazte consciente.

A día de hoy, probablemente estás tan hipnotizado con tus rutinas y automatismos diarios que no ves lo que está sucediendo delante de tus narices o de qué manera estás saboteando tu propio bienestar. Para aquí y ahora y escucha tu lenguaje interior. Si tu salud se está viendo mermada, el cuerpo estará diciéndotelo, de hecho, el cuerpo grita lo que la boca calla.

Si deseas conocerte un poco más, puedes hacer un experimento personal, durará un día completo de tu vida. Haz la siguiente investigación personal a lo largo de 24 horas, puedes empezar ahora mismo hasta mañana a estas horas.

Coge una libreta y un bolígrafo y guárdalos en tu bolso, que te acompañen durante las 24 horas. Escribe las veces que a lo largo de tus 24 horas dices o piensas: "tengo que...", "debo de..." y "debería..." con sus correspondientes conductas asociadas.

No se trata de hacerte sentir mal, ni mucho menos, se trata de que te conozcas mejor. Como todo científico, debes hacer el experimento con neutralidad y con una perspectiva objetiva, libre de emociones. Date cuenta de que si algo no lo has hecho, posiblemente es porque no lo querías hacer o porque materialmente era imposible hacerlo desde un estado de equilibrio. Ahora bien:

¿Cuál de esas tareas que no hiciste eran positivas para ti?

____

____

____

____

____

¿Qué cosas dejaste de hacer para tu propio bien?

____

____

____

____

____

¿Qué relación guardan ambas respuestas con respecto a las obligaciones que sí cumpliste?, ¿A quién beneficiaban?

____

____

____

____

____

Sostener un equilibrio es la base de la felicidad y la salud. No es válido decir que te sacrificas por otros, flaco favor les haces. Si tú no te cuidas, jamás serás un buen cuidador. Una persona que sabe cuidar y lo hace saludablemente, empieza por sí misma. Si te estás dejando para el final, probablemente nunca te llegue el turno, date cuenta de que te estás saboteando.

Date cuenta de las cosas que hiciste:

¿Eran "deberías" tuyos o de alguien que te los "contó" hace tiempo?

...

____

____

____

____

____

Quizá alguien te dijo lo que tenías que hacer, según sus ideas y expectativas sobre ti y sobre la vida. Haz profundamente el ejercicio de autoconocimiento y deja de engañarte. Vivir desde los deberías de otra persona es frustrante y nos aleja de la felicidad. Es duro darse cuenta cuando uno lleva mucho tiempo haciéndolo, sin embargo, peor es continuar con una vida de autoengaño. Ten la valentía de adentrarte en tu mundo interior y conectar con eso que necesitas, agradece a la persona que te orientó o educó lo que te decía pero añade que ya no lo necesitas, que tú eres el dueño y soberano de tu vida. A continuación y tras una profunda reflexión, date aquello que sí necesitas.

...

La autoexigencia excesiva lo único que muestra es una gran carencia de amor, la necesidad de ser perfecto lleva implícito el no serlo y alguien que se ama a sí mismo, no se hace semejante daño.

Uno de los signos de que el ego te está dañando es con el exceso de perfección, pretendiendo ejercer un gran control fuera, dejas de controlar dentro, intentas que te amen fuera porque no te das amor dentro. Deja de buscar la palabra bonita en los demás y comienza a dártela a ti mismo.

La persona altamente perfeccionista vive en una continua frustración, avanza poco en su vida o más lento de lo que le gustaría, suele ser poco operativa quedándose anclada en trabajos, procesos y funciones, siente culpabilidad si no hace un trabajo perfecto, principal causa de anclaje a la parálisis. La cuerda que te sostiene está tejida por una autoestima debilitada a causa del discurso interno de auto-desvalorización frente a la culpa de la no perfección, por un descenso de la energía vital para afrontar nuevos retos y por un bloqueo corporal derivado de ambos. Corta ya esa cuerda con tus tijeras de podar.

Para finalizar, puedes establecer dos listados en los cuales diferencies los "debería" auténticos tuyos de los que no lo son. Cuando tengas hecha la división, vas a sustituir la palabra "debería" por la palabra "podría" o por "quiero".

"Mis debería"

Debería____

Debería____

Debería____

Debería____

Mira este ejemplo:

Debería estudiar medicina

Podría estudiar medicina

Quiero estudiar medicina

Cuando escribes cada uno de tus "deberías" sustituyéndolos por "podría" y por "quiero", haces grandes descubrimientos sobre tus auténticos sentimientos. Haz la prueba, escribe a continuación tus deberías como podría y quiero:

Podría____

Podría____

Podría____

Podría____

Quiero____

Quiero____

Quiero____

Quiero____

Para y siente tu cuerpo

...

Respira después de escribir todos esos debería de otra manera. La sustitución de este término flexibiliza y te ayuda a conectar con aquello que deseas hacer realmente. Te ayuda a equilibrar tus obligaciones y tus derechos, facilita tu camino de "vuelta a casa". Permítete ejercer tu derecho a decidir hacer aquello que realmente deseas o, por lo menos, a conectar con tus auténticos sentimientos.

-Culpabilidad

Herida emocional por excelencia que opera como aquello que debería haber hecho y no hice, envolviéndote en un bucle de auto-desvalorización por un imposible, el tiempo no puede llevarse atrás.

La culpa es una emoción que daña, invalida, arruina el crecimiento y la energía vital de la persona. Es indirectamente proporcional a la autoestima, es de las peores emociones, por no decir la peor de todas, porque te daña sobremanera. Cuando te sientes culpable, sea consciente o inconscientemente, buscas un castigo por aquello que sientes que tenías que haber hecho y no hiciste.

Se trata de una programación emocional que, a nivel ancestral e incidiendo en el género femenino, las mujeres llevan más cargada a sus espaldas. Un peso de carga familiar implícita en el verbo pero explícita en la conducta, relegando sus aspiraciones y crecimiento a un último lugar frente al cuidado del sistema familiar. Sintiéndose egoístas, incluso, cuando se dedican un pequeño e insuficiente rato al día. A nivel masculino, la culpa se ha programado emocionalmente desde otro lugar, haciendo creer a hombres con cierta "sensibilidad" que no lo eran tanto por tenerla. Tanto hombres como mujeres, hemos sido educados desde la manipulación, el chantaje emocional y la culpa, de generación en generación, hemos sido víctimas de víctimas porque no sabíamos hacerlo de otra manera. Pero ahora es trabajo nuestro el aceptar y trascender. Sólo desde ahí aprenderemos nuevas formas de relacionarnos.

Cuando nos sentimos culpables paralizamos nuestra vida, sumergiéndonos en estados de estrés mental, pensamientos repetitivos y daño emocional. Nos castigamos de cualquier manera, aunque sea machacándonos a nivel mental, castigo más que suficiente por restarnos vida, felicidad y energía para ir hacia delante. Si te sientes identificado con esto, deja ya de hacerlo, estás perjudicando tu claridad mental, tu capacidad de decisión y de acción, así como la confianza en ti mismo. Para ya!

Si estás acostumbrado a culparte, lo haces de una manera automática e inconsciente. Como consecuencia del descenso de energía y vitalidad, buscas en el exterior una fuerza que te ayude a seguir con tu vida. ¿De qué manera? Intentando recargarte con algo o con alguien que te "comprenda". Lo que no sabes es que tu propio ego es el que busca ese "juego", tu SER sólo quiere estar en paz, además sabe de sobra que puede "recargarse" sólo. Tú tienes la capacidad de recargarte, de conectarte con la energía universal y de subir tu energía de nuevo con la aceptación, el tomar, la compasión y la gratitud de todo lo que viene. Rompe ese bucle saliendo por la tangente y sigue hacia delante.

Lo que necesitas para ir hacia adelante y progresar, es amarte por encima de todo, aunque cometas errores, ¿Cómo vas a aprender si no es equivocándote?

...

Perdónate, acepta y sigue, el error te sirve para desarrollar nuevos conocimientos, crecer y seguir caminando. Seguro que eres más crítico contigo mismo que con los demás, parece que se te ha olvidado lo valioso que eres. Permíteme que te recuerde que de sobra conocías tu grado de valía cuando eras un bebé. Un bebé es sano emocionalmente, siempre está riendo pero si siente enfado, se enfada; si tiene ganas de llorar, llora y después a otra cosa. Pasa página rápido, no se engancha, suelta y sigue adelante.

Conforme va creciendo, un bebé tiene ganas de aprender y mucha curiosidad. Antes de comenzar a caminar, los bebés comienzan a gatear a cuatro patas, a veces se caen pero, a pesar de ello, vuelven a colocarse a cuatro patas y siguen caminando. El único deseo del bebé es andar y eso es lo único que al bebé le importa, se enfoca en su progreso y aprendizaje. El bebé tiene el focus o enfoque mental "quiero andar", mira la meta y actúa, no se despista mirando a los lados. No se deprime si se cae ni se culpa cuando pierde el equilibrio, es inteligente emocionalmente, por eso no se cansa ni desiste jamás.

¿Te imaginas qué pasaría si cuando éramos bebés pensáramos en la posibilidad de no andar y nos culpáramos con cada caída? Seguramente muchos de nosotros jamás llegaríamos a andar, desistiríamos al quinto o sexto intento, con suerte. Sin embargo, un bebé sólo piensa en el fin aunque se caiga mil veces, de hecho se vuelve a levantar mil veces y no se machaca a sí mismo diciendo "tenía que haberlo hecho mejor", no desiste, no se queda tumbado o sentado diciendo "pues no voy a gatear más porque me caigo y no puedo andar", no se siente culpable. Motivo principal por el que poco a poco termina andando. No acepta un no por respuesta y sabe muy bien qué ha de hacer y qué no guiado por su intuición.

Todo fuimos bebés algún día, conservamos esa capacidad de aprendizaje y la alegría de vivir el proceso como una aventura. Dejemos de culparnos y machacarnos a cada pequeño error y tomemos conciencia de una vez de que es parte del aprendizaje.

Mírate tú y observa que todavía conservas esa capacidad intrínseca en ti, esa parte sana y maravillosa que te puede ayudar a sanar todas tus heridas con sus valiosos recursos, búscalos y los encontrarás. Independientemente de la profundidad de tus heridas, tienes una parte sana con la que puedes vivir y volver a construirte, cuando la encuentres agárrate a ella, es la fuente de toda energía, la parte que conecta con el todo, con el universo, con una energía vital de amor puro. Todos tenemos esa capacidad, está en lo profundo de nuestro corazón y todos nos podemos conectar a ella.

Cuando hagas algo nuevo, salgas de tu zona de confort o aprendas algo diferente, tendrás que tener en cuenta que te equivocarás y te caerás muchas veces, pero no importa, lo importante son las veces que te levantes. Continúa andando, si te caes, levántate y continúa caminando hacia donde quieras ir. Si todavía no lo haces, atrévete con algo que puedas sostener.

...

A partir de ahora sustituye de un plumazo la palabra culpa de tu vocabulario. Sustitúyela por la palabra responsabilidad, ésta te lleva al poder y te saca de donde estás conduciéndote al empoderamiento, al poder personal, la responsabilidad te hace responsable. Además, no te culpa, hazte consciente de que tú tienes el poder de hacer o dejar de hacer lo que desees. Si en algún momento de tu vida hiciste algo de lo que te arrepientes y que consideras muy malo, ya está hecho, lo único que puedes hacer es no volver a hacerlo nunca más, ya está, perdónate y sigue, ya está hecho.

El perdón es la llave de nuestra cárcel mental, libérate de una vez. Métela en la cerradura correspondiente y sal de tu mazmorra, el perdón es tu liberación. No importa si ese perdón va dirigido a alguien externo a ti porque es a ti a quien ayuda. Quizá te aferras a un enfado o a culpar a esa persona que te hizo tanto daño, si es así date tiempo. Puedes elegir dos caminos: ser feliz perdonando y sacándote de esa cárcel o alimentar tu ego queriendo tener la razón y seguir encarcelado entre tus propios barrotes. Tú eliges.

Eres un ser bondadoso, no importa qué hayas hecho, dentro de ti hay un ser divino e inocente que merece respeto y perdón. Mereces amor, aunque te hayas equivocado, lo mereces por derecho propio. Si te culpas duramente a cada pequeño error, es como si abofetearas a tu niño interior, asustándolo. Además de no ayudarlo, lo atemorizas, convirtiéndote en un ser asustadizo y sin luz. No crees que te ayudarías más a ti mismo preguntándote con cariño y sugiriéndote otras formas de actuar, diciéndote que lo has hecho lo mejor que has sabido.

...

Háblate a ti mismo tal y como mereces de verdad, mira el SER que hay en ti, el niño pequeño que necesita que lo quieran y protejan. Hazlo en este preciso momento y siente cómo tu energía interna cambia, siente cómo la luz entra en tu interior y un mar relajante te conduce hacia la salida del asunto, suéltalo poco a poco y abraza a ese niño. Permítete cuidar tu paz interior y conducir tu vida de la forma más positiva para ti.

Te mereces cosas buenas, te mereces ilusionarte, la paz, el bienestar y el equilibrio por derecho propio. Si realmente tienes el profundo deseo de vivir desde ahí, prosperar, crecer y mejorar, lo harás, no te quepa duda.

...

-El Resentimiento

Como el pegamento más fuerte, esta herida emocional es la que más te ancla e impide avanzar, soltar y prosperar. La ira o el enfado, son como pegamentos de los que no se quitan, a no ser que se use el disolvente adecuado. Se trata de anclajes emocionales que te atan al pasado y te impiden avanzar, de manera inconsciente reproduces la misma situación en tu vida pero con diferentes disfraces.

¿Hay algo en tu vida que se repite constantemente?, ¿Hay algún aspecto de tu vida que no avanza y no entiendes el por qué?

...

Si es así, lo único que sucede es que estás interfiriendo con anclajes inconscientes al dolor, al enfado no resuelto. Pregúntate si hay algo que no perdonas a día de hoy, puedes escribirlo:

____

____

____

____

A continuación, puedes preguntarte ¿Qué necesito para poder limpiar este asunto y volver a mi equilibrio?

____

____

____

____

Puede ser que te cueste al principio, que no des con ninguna respuesta o que estés bloqueado. Date tiempo, has estado mucho tiempo sin atender tus necesidades, quizá ni las puedes escuchar. No te presiones, no seas exigente contigo mismo. Si, por algún casual, hay algo que te impide estar en paz o perdonar, no importa, permítele estar, aceptarlo y ten paciencia. No por exigirte vas a sanar antes, de hecho probablemente crearás nuevas resistencias que te alejarán más del perdón. No importa, date permiso para vivir tu proceso con espacio, confianza y comprensión. No podemos verlo todo, los seres humanos tenemos puntos ciegos que nos impiden ver con claridad "trozos" de nosotros mismos y de nuestra vida.

Si sientes una fuerte resistencia o enfado, puedes decirte a ti mismo: "me doy permiso para abrirme a perdonar cuando esté preparado, me permito soltar en el momento en que pueda hacerlo. Me abro a perdonar.

...

Siente tu cambio energético, corporal y emocional, siente la calma que te invade por el cuerpo, el peso que has soltado, la energía sanadora y el amor que comienza a fluir. Permítete respirar profundamente y sumergirte unos segundos en ese sosiego y en el nuevo sentir. Date tiempo, hazlo, no sigas leyendo...

...

Con sólo estar abiertos a perdonar, ya damos un paso en el camino del perdón, en el camino de nuestro avance a la vida. El apego al enfado proviene del ego, es una de las capas que recubre nuestro corazón, démosle permiso para irse. En lo más profundo de nuestro corazón está el amor, el AMOR en mayúsculas, es el vínculo que nos une a la vida, a los demás y lo más importante, a nosotros mismos. El amor es la única verdad, cuando nos conectamos con esa energía todo fluye en nuestra vida.

Sin embargo, desde la infancia hemos ido envolviendo nuestro corazón con diferentes capas de cebolla emocional, con capas de ira, de tristeza, de asuntos pendientes o no "soltados". Si realmente quieres llegar a tu corazón es momento de adentrarte en las profundidades del laberinto y atravesar esas capas. La ira y el resentimiento, así como el estrés, generan cortisol, una hormona muy tóxica. Si padeces uno de estos males, te recomiendo que hagas ejercicio físico aeróbico porque te ayudará a quemar adrenalina.

Toda emoción tiene su función, lo inteligente es saber canalizar y trascender cada una de ellas. Al igual que la culpa se la transforma en responsabilidad, la ira puede ser la gran creadora. La ira, bien canalizada, es una emoción creadora, puede ayudarte a levantar grandes imperios. En sí misma, la ira es fuerza, es la emoción de mayor potencia energética, es gasolina pura. Aprende a utilizarla de manera correcta y serás el gurú de tu propio destino. Alquimiza tu ira y crearás grandes empresas o proyectos de vida.

La ira puede ser la gran destructora y también el impulso para hacer aquello que no te atrevías a hacer; puede ser la motivación para darles en las narices a esas personas que no creyeron en ti, puede servirte como la mecha para levantar tu esplendor y brillar como nunca. Utilízala a tu favor para crear algo bueno para ti y, por qué no, para el mundo. Deja un legado.

...

-El Miedo

El miedo es una de las emociones más densas que existen, de hecho en la escala de calibre emocional se sitúa justo por encima de la culpa. Si conectamos con ese nivel de vibración, podemos llegar a sentir la pesadez en nuestro cuerpo y la parálisis de la emoción. En la parte más baja de la escala emocional hay menos espacio, más densidad, más peso y mayor oscuridad. No es difícil sentirlo, prueba a recordar cualquier evento en el que te sentiste culpable o tuviste miedo, después conecta con tu cuerpo, mira a ver qué pasa.

En la parte más alta de la escala, donde se sitúan emociones como la alegría o el amor, cuyos calibres son mucho más altos a nivel de vibración, puedes sentir sutileza, menor densidad y un fluir vital que sólo se da cuando estamos conectados a la "matriz divina", nombre que algunos científicos le dan al campo cuántico de la energía universal. Desde ese lugar, también pasan cosas, sí, pero se viven de otra manera, desde otro lugar. Digamos que la conexión vital con la corriente de energía universal ayuda a soltar más rápido, a aceptar y a continuar con nuestra vida, porque la vida es eso, un fluir de experiencias desde que nacemos hasta que morimos. En ese estado, uno se siente seguro en todo momento, en paz, a salvo, con confianza y autoestima y el amor incondicional a uno mismo es el camino para llegar a ese estado.

El amor es una emoción de vibración sutil, ligera, desapegada de lo negativo porque lo abraza y lo trasciende, es una energía que todo lo integra, lo bueno y lo malo, acepta y fluye. Si te interesa el tema y deseas ahondar más en la influencia de los calibres emocionales en las personas y sociedades, te recomiendo que leas el libro" Fuerza versus Poder" del doctor Hopkins, especialista estadounidense que habla y explica, con todo detalle, la importancia de calibrar alto en nuestras emociones.

A mayores niveles de miedo, mayores niveles de ego, mayor parálisis, menor poder y más necesidad de fuerza para alcanzar objetivos. De hecho, si sientes que la vida te cuesta y te pesa, que tienes muchas resistencias y te encuentras luchando constantemente sin llegar a lo que deseas, es una señal inequívoca de que te encuentras en modo "victima", calibrando muy bajo en la escala y alejado de tu verdadero poder.

Un ego inflado se alimenta de las emociones densas y te conduce a vivir desde un lugar de no poder, de queja y lucha constante, culpabilizando lo que te sucede y proyectando responsabilidades fuera, véase tu jefe, tu mujer, tus hijos, el vecino, tus padres, el político de turno o al mismísimo sistema. En cualquier caso vives desde el calibre más bajo, el de la víctima profesional. ¿Quieres salir de ahí? Sigue leyendo y trabajando.

Sé que muchas de las palabras que vas a leer en este libro te enfadarán, no las creerás o te harán sentir mal, bienvenido al inicio de tu despertar. De ti depende transitarlo o seguir queriendo vivir dormido, es decir, no vivir. Si deseas crecer de verdad, tendrás que vértelas con tu propia sombra, tener el coraje de salir de la posición cómoda de víctima y subir con determinación a la de empoderamiento personal.

¿Qué obtienes calibrando más alto en tus emociones?

Que tu realidad cambie por completo, hacerte dueño de tus circunstancias, ser líder, no seguidor, elegir, no ser elegido, nuevas formas de pensar y actuar y, por supuesto, incrementar tus niveles de salud, inteligencia emocional y bienestar vital. Dependiendo de tu calibre emocional, tu destino cambia de plano, ¿Por qué? Porque sientes de otra manera, piensas de otra manera, reaccionas de otra manera, tomas otras decisiones y otras acciones, por lo tanto llegas a un destino diferente, punto redondo.

Tu forma de ver la vida está filtrada por tu calibre emocional y ésta comienza a cambiar de forma conforme vas limpiando tus filtros, de hecho, el que cambia eres tú, no la vida, pero ahora tienes más campo de visión.

Según tu forma de sentir, así verás el mundo porque así lo interpretarás. Lo que ves fuera es una ilusión, un holograma, no existe como tal, es una proyección de tu propio inconsciente, de aquello que reprimes, de tus profundidades, no es ni más ni menos que una extensión de tu interior.

Si tu deseo es emprender, te recomiendo que resuelvas tus asuntos antes de comenzar a tomar decisiones. En los grupos de Mentoría que dirijo a nivel internacional de Mentes Maestras o "Master Mind" les conduzco a su éxito realizando un profundo trabajo de sanación del ego para SER lo que necesitan y tener el "Yo" adecuado que les lleve a sus metas. Si no, ¿por qué crees que una persona no obtiene resultados? Porque su "yo" actual está interfiriendo. A poco que seas una persona inteligente te darás cuenta.

Piensa algo: tienes un deseo u objetivo, comienzas a andar hacia él pero, de momento, comienzan las dudas, el miedo. ¿Qué haces? Detente, piénsalo.

...

¿Sigues hacia el objetivo o te detienes y comienzas a hacer cosas para evitar el miedo?

Si haces esto último te aseguro que no llegarás a tu objetivo, pues ese camino lleva a algún lugar, sí, a evitar el miedo pero no a tu deseo.

Si deseas evitar el miedo y sentir sólo placer en el camino hacia tu objetivo, es como querer ir de Alicante a Madrid pero al pasar por una zona de la carretera que te aterra por sus curvas, en vez de seguir conduciendo con cuidado y sosteniendo el miedo, sales por un ramal y coges la carretera dirección Córdoba porque te gusta más para ir a Madrid, parece más segura y estable.

¿Te sentirás mejor? Sí.

¿Llegarás a tu objetivo, a Madrid? No, a Córdoba.

Tu vida es exactamente igual, cuando quieres ir de un lugar a otro o pasar de un estado a otro, hay un período de incomodidad, sino ¿por qué crees que no tienes ya lo que quieres?

...

Bingo! Porque evitas ponerte incómodo. Ese proceso son los miedos y resistencias, las piedras del camino, los obstáculos, cuya superación, te harán más fuerte. De hecho, existen dos tipos de obstáculos, los reales y los imaginarios, estos últimos los peores.

"El momento que da más miedo es justo antes de empezar"

Stephen King

Por experiencia propia te diré que cuando comienzas a andar el miedo se disipa. La acción elimina la preocupación. El movimiento te saca de la parálisis del miedo.

Los miedos psicológicos te atrapan como cárceles, son callejones sin salida, pero no dejan de ser constructos mentales que no te han sucedido y que, por mucho que lo creas, no te van a suceder. Tu mente los percibe tan vívidos que crees que son de verdad pero no lo son. Por ello, al sentirlos tan profundamente, comienzas a buscarles una solución, dirigiéndote inconscientemente hacia ellos y provocándolos, en última instancia.

Voy a darte un dato real que te asombrará, se ha demostrado científicamente que el 96% de nuestros miedos no se cumplen. Por lo tanto, ¿Para qué les das tanta coba?

...

La mente egoica es escapista por naturaleza, te intentará salvar a toda costa hasta de tus mentiras, te intentará controlar evitando que tengas una vida plena, te hará esconderte del dolor como gato que del agua fría huye.

La mente crea escenarios falsos para protegerte, son imaginarios convéncete, aunque los percibas como reales. Si no fuera así, entonces, ¿por qué cada persona crea unos escenarios diferentes ante las mismas situaciones?

...

Según sea el contenido de tu caja mental, así serán tus funciones de teatro proyectadas desde tu mapa en tu vida. Por lo tanto, ¿no crees que te beneficiaría más comenzar a vivir sobre el terreno y la experiencia vívida, en vez de sobre el mapa y la mentira personal?

No sé si te llevará directamente a donde deseas, pero de lo que estoy segura es de que cuando vives aceptando la experiencia dejas de malgastar tantos esfuerzos y energías luchando, recursos valiosísimos que te hacen falta para construir lo que mereces de verdad, tu imperio de vida.

Andar el camino hacia tu objetivo con los ojos muy abiertos y los pies en la tierra es el secreto del éxito, no es otro. Para conseguir llegar a la cumbre hay que soñar mucho y estar bien despierto mientras otros duermen.

...

"Disfrutar de la experiencia te ayuda a estar PRESENTE en tu vida"

Ana de Juan

Te hace ser, sentir y vivir de verdad, captar lo que otros no ven ni de cerca y tomar decisiones con la certeza de tu sentir más profundo. Esto es hacer una adecuada gestión de la inteligencia intuitiva, a la que le doy un fuerte peso de trabajo práctico en mis talleres y cursos.

Si, por el contrario, vives desde tus creencias, desde tu mente, estás dejando de lado la experiencia, la inteligencia creativa, intuitiva, emocional y propioceptiva. Vas cojo por la vida. Es como si estuvieses viviendo algo en tu mente diferente a la realidad que tienes delante de ti, debajo de tus pies. En lugar de sentir la experiencia y disfrutarla, notas tensión mental inconsciente cuando algo de lo que observas no le encaje a tu ego inflado. Automáticamente lo juzgas y rechazas sin mayor voto de confianza, a la mente egoica le encanta que todo cuadre. También puedes intentar encajarlo a toda costa, aunque sea a martillazos, pretendiendo que alguien se comporte de manera diferente a cómo es o tratando de cambiar la realidad desde el territorio, tarea ardua e imposible. En vez de ser víctima de semejante negación de ti mismo, ¿por qué no soltar y vivir con tus piececitos en tierra, sintiendo?

Si algo te hace bien sigue ahí y si no, vete. Es así de sencillo, cuánto nos complicamos a veces.

"Las experiencias transforman, las creencias limitan"

Alejandro Jodorowsky

...

Las personas no logran hacerse una idea de lo poderosas que son, las únicas limitaciones se construyen en sus mentes pero la verdad verdadera es que son libres y creadoras de su realidad.

-¿Cómo vives?, ¿Te sientes en armonía o en modo lucha?

Si tu respuesta corresponde a la primera opción, Enhorabuena! Sigue así.

Si corresponde a la segunda párate donde estés, no tomes decisiones importantes, no hagas nada. Quédate media hora a solas contigo mismo. Es la recomendación que te hago para que comiences a dejar de ser esclavo de ti mismo y de reproducir profecías. Abre un espacio de silencio y escucha en tu interior, te dará acceso a otras posibilidades. Encuentra por fin el camino de salida del laberinto.

-La impaciencia

Herida del alma por excelencia saboteadora de todo proceso de aprendizaje, deseando que suceda ya lo que necesita un tiempo de "cocción". Todo en la vida conlleva un periodo de gestación, incluso hacen falta nueve meses para tener un bebé, ¿Crees que podría haber nacido "YA" tu hijo cuando decidiste que querías ser madre o padre?

Lo que sucede con la impaciencia es que deseas otra cosa frente a lo que tienes delante, es decir, niegas el presente, quieres algo diferente de lo que la vida te ha traído y, además, lo quieres ya. Es como si quisieras ser artífice del tiempo y el espacio, negando tu presente.

¿Cómo vas a alcanzar lo que deseas si para llegar allí necesitas caminar por el presente, estar en la tierra, recorrer un camino, un proceso?, ¿cómo vas a ser capaz de ver que la vida te trae lo que deseas si niegas constantemente el presente?

...

Cuando vives en la impaciencia, estás viviendo desde la cabeza, desde el mapa. No cofias, por eso lo quieres ya, porque te cuesta creer que vaya a llegar. Impaciencia y desconfianza van de la mano. Detrás de tu impaciencia hay algunos "tesoros" que te ayudan a conocerte más y a crecer, ¿Te atreves a descubrirlos?, sigue leyendo.

Acompañando a tu impaciencia hay miedo, desconfianza, negación de ti mismo y del presente, falta de confianza en ti y en la vida o una mezcla de todas ellas.

...

La impaciencia nos excluye y aparta de la vida, impide que tomemos lo que viene, a veces ni lo podemos ver a causa de la velocidad autoimpuesta, del "estar allí y no aquí". Es curioso, veo a menudo a personas que tienen delante de sí mismas la clave a la solución de sus problemas y no pueden verlas porque van corriendo en busca de la solución. Si en tu mente las flores son rosas, te perderás la más bella de las flores azules porque no podrás verla.

...

La impaciencia es la hacedora de todo desgaste emocional, físico y mental, favorece la frustración y el envejecimiento prematuro. Te aparta de tus metas y te acerca a la línea de "salida" constantemente. ¿Alguna vez te has preguntado a dónde vas tan rápido? A la meta, desde la impaciencia, es imposible llegar.

Haz un ejercicio de auto honestidad y toma conciencia de tu edad y del lugar que ocupa la impaciencia en tu vida. ¿Desde dónde vives o has vivido?, te suena lo siguiente:

¿Eras pequeño y querías ser mayor?

¿Eras adolescente y querías ser adulto?

¿Fuiste adulto y querías ser joven?

Cuando estabas estudiando, ¿querías trabajar para tener dinero?

Cuando estabas trabajando, ¿estabas agotado y querías jubilarte para descansar?

¿Querías ahorrar mucho dinero para comprarte una casa y trabajaste hasta que reventaste?

¿Tenías pareja y querías casarte porque no era suficiente?

Cuando te casaste, ¿querías tener hijos porque no era suficiente?

Cuándo tuviste uno, ¿querías tener otro porque no era suficiente?

¿O tu excusa es que necesitas más estudios porque no te sientes lo suficientemente preparado?

Quizás tengas dos carreras, dos másteres y aún sientas que no estás preparado para hacer algo que deseas, a lo mejor te apuntas a clase de chino, o de inglés.

¿Qué es suficiente para ti?

...

Y tus hijos, ¿son suficientes para ti tal como son?

¿Necesitas que sean los mejores de su clase?

¿Los mejores en deporte?

¿Necesitas apuntarlos a clases de japonés, de inglés, a ballet o a tenis, a cualquier cosa y que, además, sean los mejores en todo lo que hacen?

¿Es suficiente con eso, o no es suficiente?

¿Qué es suficiente para ti?

...

¿Has tomado conciencia ya de que tus vacíos no se tapan con nada externo?

...

Es muy triste ver a niños enfadados con padres demasiado exigentes e inalcanzables emocionalmente. La presión constante crea niños infelices, bajos de estima y amor propio. Niños perdidos, con honores en química pero suspenso en vida.

Haz una reflexión sobre este tema antes de seguir, por favor. Estudia bien tus carencias, observa ese vacío que intentas llenar con lo que no toca. Es un hueco que sólo se ocupa con tu trabajo personal interior, sosteniéndote a ti mismo. Por favor, deja de torturar a tus hijos proyectando tus deseos y tus frustraciones en ellos.

Recuerdas que cuando eras niño decías: "quiero ser mayor para hacer lo que me dé la gana", ¿Cómo lo llevas?

…

¿Haces lo que te da la gana o sigues obedeciendo voces ajenas? Quizá sigues obedeciendo las proyecciones que tenían tus padres sobre ti, sus frustraciones no resueltas. Quizá hayas conseguido el "American way of life" de tus ancestros y eres plenamente infeliz. Sé que es tan duro tomar conciencia de algunos asuntos que tu mente intentará por todos los medios evitar que mires ahí. Sería como una patada a tu ego y éste no quiere morir, sería vergonzante para él darse cuenta de que ha estado equivocado toda la vida.

Sólo teniendo las agallas necesarias trasciendes tu mente y puedes alcanzar una vida plena, así como el éxito en tu carrera y negocios. Sólo hay un camino: convertirte en ti. Es decir, despojarte de todo el personaje que has construido paulatinamente desde tu infancia que es el que te aleja de tu verdadera identidad divina y poderosa, castrándote constantemente a través de unos educadores ya muertos que sólo habitan en tu mente en forma de juicios, límites y creencias estrictas. Rigideces que te hacen de parapeto para ser quien eres.

¿Ves la paradoja?

Naces siendo tú para después morir para ser tú. Se trata de una muerte metafórica, no literal, de una muerte del personaje que te incordia para crear el que te ayuda. Sólo así se consigue lo que te propones, créeme, para los que lo hemos hecho es un duro, doloroso y arduo trabajo, pero de dulces resultados. La libertad no se compra con nada, aunque sólo a través de ella alcanzas el éxito y la paz interior. Es la guardiana de la puerta de acceso a tu templo y a la que velas el sueño cuando tomas conciencia de quien eres y de lo que eres capaz con la ayuda que llevas al lado pero que, hasta entonces, no veías.

Volver a dormir es muy fácil, despertar lo difícil. El trabajo del ego es constante, diario, momento a momento desde la presencia del "YO SOY". Si crees que es como tomarte la pastillita azul y decir "ya estoy curado para siempre", temo decepcionarte.

Si tienes prisa por conseguir tus objetivos, no tienes tiempo, no tienes dinero, tus hijos o tus padres no te dejan, tu marido o tu mujer no opina igual o no tienes los estudios o la formación adecuada, permíteme decir que te estás mintiendo. Así de claro, sigues depositando tu poder en el exterior y sigues proyectando tus frustraciones en tus compañeros de función teatral. Sé que tu película vital es tan vívida y que tu personaje se ha apoderado tanto de ti, que no puedes ver más allá de tus emociones, apostillo "no sanadas".

De acuerdo, sigue en tu escenario, al ego le encanta ser visto. A tu personaje le encanta llamar la atención de los demás y que jueguen con él, que lo compadezcan, que le digan "pobrecito", es la víctima por antonomasia o que le susurren "qué bueno eres", eso le encanta. Quizá tu ego es de los que se alimenta del conflicto y ve amenazas por todos lados, probablemente lleves una vida muy estresante, buscando soluciones a escenarios imaginarios futuros catastróficos. En cuyo caso tu ego se parece a un laboratorio futurista "destroza sueños".

...

Una excusa aceptable podría ser que te genera tanto miedo salir de tu personaje, que el terror te paraliza. Ahora sí, aceptamos barco como animal acuático. Pero sólo de momento, hasta que el miedo se haya transformado en amor.

...

Cuando hay amor no hay miedo, es materialmente imposible. La impaciencia desaparece y con ella la desconfianza porque el amor las fulmina de un plumazo. Desde un estado adecuado tu vacío interior desaparece, ¿cómo?

Sigue leyendo, date el permiso de crecer y ayudarte, el secreto se desvela...

Con el amor que te profesas, con tu auto compasión, con el tomar y agradecer la vida, levantando tu espíritu hasta gritar "YO SOY". Sólo desde ahí puedes dar sin pedir a cambio, tu ego se transforma en aliado porque construyes un nuevo yo al haber tomado conciencia de quién eres. Tu vacío desaparece y en su lugar la plenitud del espíritu invade tu cuerpo. Y todo ello sin comprarte un coche último modelo o tener la novia de tus sueños.

Lo más curioso es que el camino para ese coche, esa novia o el éxito de tu empresa parte del SER como consecuencia del YO SOY, no a la inversa. Si le preguntas a un hacha de los negocios por su estrategia te lo dirá tal cual: disfruta de los momentos, toma lo que te da la vida, toma la energía, el amor y disfruta con tus seres queridos. Es decir, cero estrés, cero impaciencia. La gente se asombra ante esta respuesta, los egos no creen que sea tan fácil pero puedes seguir pobre materialmente y de espíritu o abrir tu mente a nuevos paradigmas que ya han ayudado a muchas personas a conseguir sueños, "supuestamente" inalcanzables.

Sé que una de las claves de la vida es tomarla, el agradecimiento nos ayuda a ello. Tomar la vida es aceptar, si tomo paso página, si niego vivo en un duelo constante, no digiero, mi intestino sufre de estreñimiento. Cuando no tomamos, no soltamos y no dejamos ir todo aquello que nos daña.

Si tuvieras un clavo incrustado en el trasero, ¿te lo quitarías o llamarías a todos tus amigos para quejarte del clavo?

...

Al ego le encanta hacer esto último, siendo el foco de atención en una demanda de audiencia constante. Se nutre de la atención de los demás, la excusa es irrelevante.

Cuando estamos impacientes, estamos agitados, nuestro cuerpo funciona a mayores revoluciones. Si esto te sucede ¡para y respira lentamente estés donde estés!, de esa manera permites que se pose la suciedad en el fondo.

Cuando el agua sucia de un vaso es agitada y movida se ve oscura, pero cuando la dejas quieta y estable se disipa la suciedad del agua, dejando en el fondo los posos y permitiéndote ver, a través del agua cristalina, qué cosas están ensuciando tu vaso.

...

Hazlo! para disfrutar de nuevas cosas que la vista te ofrece, del agua cristalina y de un nivel mayor de conocimiento del contenido de tu vaso.

Una vez que has visto los posos que ensucian tu agua y has comprobado qué se mueve detrás de tu impaciencia.

Te propongo que conectes con una situación opuesta, es decir, un estado calmado, de paciencia.

No todos somos impacientes siempre ni con las mismas cosas. Estoy segura de que alguna vez en tu vida has sido paciente para sostener un proyecto o proceso, para conseguir algo o para que desaparezca. Piénsalo.

...

Ahora escribe, ¿Para qué cosas has tenido paciencia a lo largo de tu vida?

____

____

____

____

____

Siente la paciencia, toma conciencia de cómo te sientes, del modo en que te hablas, del tono que utilizas, del lenguaje a través del cual estás interpretando tu realidad y de la posición en la que te colocas ante los acontecimientos. Cuando eres paciente es porque sabes que algo va a suceder antes o después, tienes la certeza absoluta, no existe un atisbo de duda, confías en ti, eres paciente porque sabes que eso es así, que va a suceder antes o después.

...

Sin embargo, cuando no confías en ti mismo, eres impaciente a la hora de recorrer el trayecto desde el punto A (donde estás) al punto B (el deseado). Cuando la impaciencia y la desconfianza aprietan, en algún momento desistes, poniéndote excusas absurdas que no hacen sino autoengañarte a ti mismo, ¿Te suenan?:

"Ya no puedo más"

"Esto es imposible"

"No es posible para mí"

"No me lo merezco"

...o cualquier otra

¿Cuál es tu preferida?

Ahora vas a hacer un ejercicio. No puedes seguir leyendo hasta que lo hagas. Coge el rotulador negro más gordo que tengas y tacha las creencias limitantes que acabas de leer. Quiero que lo hagas YA, AHORA, una por una, límite a límite.

Si de verdad quieres un cambio en tu vida hazlo antes de seguir leyendo. Sólo si tienes confianza lo harás con fe.

¡HAZLO AHORA, TACHA CADA LÍMITE!

Confía en ti, cierra los ojos y vuelve a casa, atrévete a estar en contacto contigo mismo, cuando estás en conexión contigo mismo, fluyes.

Si alguna vez has recordado "aquello" tan "malo" que te pasó, quizá hoy lo ves como una bendición que apareció enmascarada de drama. Si reflexionas sobre tu vida verás que con el tiempo te diste cuenta de que muchas cosas que sucedieron eran acontecimientos clave, pero las viviste dramáticamente en el momento en que sucedieron. Un síntoma de sabiduría consiste en incorporar el paradigma de que todo lo que te sucede es para bien, lo entiendas o no. La paciencia ayuda a la no resistencia y ésta al fluir.

Has de conocer a fondo los mecanismos de la mente para fluir y para que opere a tu favor, en cualquier caso, para poder dominarla. Pero, para ello, el trabajo del ego es fundamental. El siguiente apartado contiene las bases de los sabotajes mentales. Hazte un favor y comienza a leer como si fueras un niño, hazlo desde un nivel de apertura, descubrirás grandes tesoros.

2.2 El laberinto de la mente

"En este mundo traidor nada es verdad ni mentira todo es según el color del cristal con que se mira"

Ramón de Campoamor

El filtro perceptivo depende de lo que tienes en tu cabeza, de tu mapa mental. Dentro de tu mapa mental, puedes encontrar mucha información, tesoros y cosas preciosas: creencias, juicios, información, experiencias, emociones, pensamientos, etc. Nuestro mapa mental es como nuestra huella dactilar, es único para cada uno de nosotros y es algo fundamental a la hora de crear nuestra vida sobre la tierra. Del mismo modo que es único para construir nuestra cárcel sobre el cielo.

Quizá no entiendes bien eso de "muchos tesoros" y "cosas preciosas", teniendo en cuenta que algunos de los contenidos de tu mapa mental te limitan, has de ser consciente de que también hay otros que te ayudan.

...

Si deseas ser un maestro de ti mismo, has de ser un hacha en el conocimiento y dominio de tus mapas mentales. El primer paso de tu auto liderazgo se da atreviéndote, sin miedo, a mirar con un nivel metaconsciente y de manera neutral tus demonios, tus juicios, creencias, emociones de bajo calibre, tus miserias en definitiva.

Tu mapa mental sobre algo es el que te dice qué es blanco y qué es negro; mientras, al vecino le dice que para él su negro es tu blanco. También es el que te confirma que algo puede hacerse a pesar de que otro te diga que no, es el que te ayuda o perjudica en tu trayecto hacia tus objetivos. La cuestión es que a veces nos encanta ser sordos y ciegos, puesto que cuando algo nos duele mucho, a modo de defensa, nuestro mapa mental lo "maquilla" con: "yo no soy así" o "eso no es verdad", proyectando tus miserias reprimidas en los demás y haciéndoles cargo de tus asuntos no resueltos.

...

De hecho, el principal modo en que las personas se sabotean la vida se resumiría en la frase: "El mapa no es el territorio".

...

¿Vives desde tus creencias mentales (mapa) o vives desde lo que te sucede en la vida real (territorio)?

Si vives desde la mente, juzgarás a cada persona, etiquetarás cada experiencia, intentarás que las cosas cuadren, a martillazos si hace falta, pensarás para no sentir, planearás para no sentir, dejarás de respirar para no sentir. Hay cosas que no se pueden pensar, sólo sentir. Entre ellas la vida, ¿Te suena?. Ya es hora de sentir! Baja a la tierra!

Son muchas y variadas las formas a través de las cuales distorsionamos la realidad en nuestro día a día a causa de vivir en nuestros mapas, motivo principal también de los conflictos entre seres humanos. No hace falta irte muy lejos, lo haces en una simple conversación, en una vivencia o a través de un asunto o problema. Las experiencias vívidas son interpretadas de formas diferentes según el cristal con el que se mira.

Ahora bien, has de ser conocedor de algo sorprendente y muy alentador: Si cambias el paradigma, cambias tu vida. Si no, ¿cómo te explicas que una persona celebre un acontecimiento y otra lo repudie?, el mismo acontecimiento, sí. Vamos a ver qué tan diestro te manejas con tu mapa:

Cuando aparece un problema en tu vida, ¿lo vives como un drama o como una oportunidad encubierta?

...

Cuando aparece algo que no te gusta, ese "no me gusta" es la consecuencia de un juicio en sí mismo. Quizá podrías plantearlo como un "voy a vivirlo, a ver qué pasa", de ti depende vivir las circunstancias con alegría y optimismo o con tristeza y miedo, como una oportunidad o como un problema. En la vida sólo hay dos caminos: el amor y el miedo, el del SER y el del ego. Tú eliges.

Estoy segura de que conoces a personas que lo tienen todo pero se quejan por todo lo que tienen y a personas que tienen muy poco y agradecen hasta lo que no tienen, unas amargadas por sistema y otras satisfechas por convicción. Ambas son elecciones de su mapa mental, las circunstancias son irrelevantes para su grado de felicidad.

El mapa mental de cada ser humano es único pero no inmutable, puede cambiarse, al igual que la masa cerebral es plástica. El mapa mental cambia a lo largo de nuestra vida, puede ser de manera espontánea, por ejemplo cuando aprendemos una valiosa lección y hacemos un cambio, o de manera intencional, cuando trabajamos conscientemente sobre nuestras creencias limitantes y potenciadoras.

Se trata de mapas cognitivos de información, ni buena ni mala, sólo información. Filtros de percepción sobre cómo ha de ser tu vida conyugal, profesional, social, económica, paradigmas sobre la familia, la educación, el trabajo, el riesgo, las relaciones, el emprendimiento, tú mismo, etc.

Ahora bien, la pregunta que debes hacerte es la siguiente:

¿Tu mapa mental sobre tu vida profesional, te ayuda a crecer en tu vida profesional?

¿Tu mapa mental sobre tu vida amorosa, te ayuda a crear una saludable relación de pareja?

¿Tus paradigmas sobre la familia hacen que tu sistema familiar sea estable y sano emocionalmente?

...

No podemos afirmar que algo sea bueno o malo tajantemente, los mapas mentales tampoco, ni si quiera en un momento concreto. Lo que sí podemos tomar conciencia es de si nos ayudan o nos perjudican.

Pondremos el ejemplo de un caso verídico:

El mapa mental profesional de un alto ejecutivo se compone de creencias que le han ayudado fácilmente a crecer, ascender y tener una saludable vida profesional durante más de treinta años de ejercicio, con incrementos de sueldo y ascensos, con nuevos retos y responsabilidades en la empresa, sintiéndose valorado por jefes y compañeros.

Sin embargo, en este momento vital su mapa mental profesional le está perjudicando. ¿La explicación? ha cambiado el contexto.

Se trata de un estupendo ejecutivo intermedio de una gran multinacional que cobraba un buen sueldo y era un gran líder de grupo. Tras más de treinta años de trabajo le despiden y decide emprender su propio negocio. En ese momento se dispone a desarrollar su estrategia empresarial y comienza su andadura paso a paso.

Observamos que posee creencias potenciadoras a nivel de autoconcepto: "Sé que soy un buen líder y tengo mucha iniciativa", "Soy eficiente cumpliendo objetivos", "Tengo empatía y sé cómo crear buenos grupos de trabajo, además de un buen clima laboral"...

No obstante, comienza su camino y se estanca, se queda paralizado ante situaciones que requieren agallas para arriesgar y apostar por algo únicamente, es decir, sin plan B. Apostar por un nuevo negocio, dedicarle todos los recursos posibles como tiempo y dinero a algo cuyo resultado es igual a incertidumbre en sus comienzos.

Ahondando en su mapa mental descubrimos lo siguiente:

Creencias limitantes y anclajes lingüísticos antiguos: "El riesgo me lleva al fracaso", "Necesito un jefe que valide mi esfuerzo, si no me siento desnudo", "Necesito el amparo de una empresa grande, yo sólo no valgo tanto", "No soy capaz de automotivarme", "Me gusta cumplir con las obligaciones que me imponen mis jefes pero no tengo autodisciplina", "Me cuesta creer en mí mismo cuando estoy yo sólo conmigo mismo", "Más vale malo conocido que bueno por conocer", "La seguridad me la da un contrato, no emprender", "Siempre que comienzo algo me cuesta acabarlo"...

¿Te das cuenta de los límites de esta persona?

Desmenuzando y trabajando esas creencias limitantes, la persona comienza a darse cuenta de sus asociaciones mentales, que no verdades, y de cómo éstas influyen en sus sentimientos, decisiones y acciones. En su destino!

Veamos:

Con respecto a la primera "El riesgo me lleva al fracaso", su cuerpo se paraliza cada vez que siente que está arriesgando, el grado lo marca la percepción de su mente inconsciente. Según es el nivel de percepción de riesgo, su cuerpo es paralizado cuando atraviesa el límite que le marca su zona de confort sobre el "riesgo". Lo que él percibe es su verdad, quizá a ojos de otra persona no esté arriesgando mucho pero su percepción y sentimiento de peligro es muy alto a nivel corporal y somático.

Con respecto al liderazgo, este ejecutivo tiene un autoconcepto que le facilita el camino, el problema viene cuando no hay nadie por encima de él. En su fuero interno necesita de una figura de autoridad que le guíe, le valide y confíe en él. Él podría hacerlo por sí mismo, sí, pero sus creencias limitantes se lo impiden.

Con respecto al dinero, considera que un "contrato" le daría seguridad, algo necesario para construir. De hecho, ningún ser vivo crece en un terreno donde no se siente seguro.

No importa si es verdad o no, lo importante es su sensación interna de no seguridad. Si bien es cierto que, mentalmente, es consciente de que a pesar de tener un contrato, puede ser despedido con mínimas retribuciones, no tiene integrado corporalmente la sensación de inseguridad ante este hecho. El paradigma ancla únicamente la emoción al pensamiento, inseguridad a riesgo. Es más ya ha sido despedido, este acontecimiento ya ha sucedido en su vida, lo ha vivido y, a pesar de ello, sigue siendo víctima de un mapa mental donde existe una creencia falsa sobre la seguridad vital y los supuestos para alcanzarla. Es decir, sigue anclado a una creencia mental que ha sido invalidada en su vivencia, en su territorio y, a pesar de ello, no la suelta.

¿Te das cuenta del apego del ser humano a las ideas?

...

Es como si toda tu vida creyeras que algo es cierto pero un día compruebas que es falso y, aún así, prefieres seguir incidiendo en tu error y auto engañándote porque ese paradigma te hace sentir seguro. Locura absoluta.

Lo más relévate y "peligroso" al respecto del paradigma es que deposita su propia seguridad en una figura externa (jefe/empresa/contrato), no en sí mismo. Es decir, cree más en un empleador que en su persona.

Una vez que hayas comprendido bien cómo operan nuestros procesos mentales, quiero compartir contigo la siguiente frase:

"El pájaro no tiene miedo de posarse sobre la rama de un árbol por si ésta se cae porque su confianza la deposita en sus alas, no en la rama"

¿Qué aspectos de tu vida dejas a la buena voluntad de los demás?, ¿En qué áreas estás depositando tu confianza en otra persona/cosa? ¿De qué manera eres mercenario de ti mismo?

Haz una pausa, te lo debes a ti mismo...

...

Los mapas mentales sólo acaban de comenzar, si te parece interesante lo que acabas de leer hasta ahora, te sorprenderá mucho más lo que viene.

¿Deseas conocer los juegos del laberinto? Continúa leyendo lentamente y no te pierdas ni una coma porque lo que sigue te interesa.

¿Quieres saber cómo construyes tu película? Vas a ser conocedor de los mecanismos que operan entre las líneas de esos mapas, dispositivos que construyen realidades y formas de entender el mundo, se trata de mecanismos a través de los cuales filtramos la realidad. Que, además, se tornan en perjudiciales cuando el grado de influencia del mecanismo es demasiado alto.

Hay personas que viven completamente hipnotizadas bajo el hechizo de uno, dos o muchos de estos mecanismos. Sin ser conscientes de ello, consideran que viven una realidad auténtica, cuando lo que hacen realmente es proyectar una película de terror en sus vidas. Puedes creer que llevas la razón en algo, ahogarte discutiendo por defender tus ideas con alguien.

¿De qué te sirve? A tu ser de nada, perder energía y fuerzas, a tu ego de mucho, se alimenta de ello, le encanta tener razón. Y no hablo de quien tiene o no razón, es irrelevante, lo que ha de preocuparte es si eres víctima del mecanismo "tener razón".

Si todavía no comprendes bien, te sugiero que hagas el esfuerzo de abrir tu mente y tu consciencia a una visión más "meta" que física.

Como seres humanos, cuando percibimos la realidad, creemos que la percibimos neutra o, al menos, no muy alejada de lo que vemos y sentimos. Si eres así, todavía vives en el paradigma "ver para creer", bienvenido al fracaso de tu éxito y paz interior. Dependiendo de tu nivel de conciencia eres capaz de vivir en constante conflicto o ser consciente de que cada ser humano construye su propia realidad como un holograma, conjugándola con sus filtros y mecanismos de percepción propios.

Autores como Aarón Beck[3], psiquiatra y profesor estadounidense. Presidente del Beck Institute for Cognitive Therapy and Research y profesor de Psiquiatría en la Universidad de Pensilvania, hablaron de estos mecanismos de distorsión cognitiva, a través de los cuales construimos nuestra realidad individual. Imprescindible conocer estas perlas y tenerlas en cuenta. A continuación vas a conocer cuáles son, mira a ver de qué manera y en qué contextos intuyes que pueden estar operando en ti mismo:

1. Filtraje

Se trata de un mecanismo que consiste en darle vueltas a un pensamiento todo el rato, como si fuera un disco rayado. ¿Te ha pasado alguna vez? ¿Has estado alguna vez todo el rato dándole vueltas a un mismo pensamiento? Por ejemplo, cuando te ocurre algo negativo y le das tanta importancia que pasas el día dándole vueltas a ese acontecimiento, sin pararte a pensar que existen también otras cosas que han sido positivas, o quizás no tan negativas o, simplemente, han sido neutras.

Si estás todo el rato mirando a ese punto conflictivo, todo tu día se verá coloreado de ese color, sólo verás ese acontecimiento a causa del Foco o Focus de atención.

---

3 BECK,A., "Cognitive Therapy and the Emotional Disorders". Meridian, 1991.

Por lo tanto, tu SAR (sistema de activación reticular) configura un día negro para ti. Seguro que hay verdes, amarillos, rosas o turquesas, pero afirmas rotundamente que no los hay, no los puedes ver, el filtraje te atrapa en tu cárcel mental.

A través de la programación neurolingüística de la que dispone tu mente, sabiendo que ésta funciona por asociación, engancha otros aspectos negativos del día similar que "confirmen" ese malestar.

...

Si eres consciente de que haces esto, de momento, distánciate, respira e intenta parar el disco. ¿Cómo? Haciendo el esfuerzo que sea necesario para enfocar tu atención a otro lugar mucho más constructivo. Si no sabes a cuál, con que la fijes a tu cuerpo, medites, bailes, hagas deporte o te vayas y cambies el escenario te ayudará.

2. Pensamiento polarizado

Otro mecanismo del que podemos ser víctimas, consistente en tener una visión demasiado extremista de los acontecimientos.

¿Ves las cosas en blanco o negro, sin escalas de color?

...

Bienvenido a este mecanismo y a sus consecuencias, entre las cuales se encuentra tener diferentes estados de ánimo a lo largo del día como una montaña rusa. Por ejemplo, estás haciendo algo que te hace sentir bien, de repente pasa algo que te sale mal, cometes un error y empiezas a sentirte fatal. Acabas de pasar de un extremo emocional a otro, diciéndote interiormente a ti mismo que no sirves para nada o cualquier otra lindeza. Sin embargo, dos minutos antes estabas diciéndote que eras útil para la tarea que estabas realizando. ¿No crees que sería más inteligente tener en cuenta que en tu vida habrá cosas que domines muy bien y otras que desconoces?, ¿No crees que sería mucho más productivo tomar el error como paso previo e indispensable para el aprendizaje? Sé paciente y comprensivo contigo mismo, aprenderás mejor y más rápido.

...

3.Sobregeneralización

Se trata de los famosos "cuantificadores universales", se da cuando se presenta una situación que es parecida a otra que ya te ocurrió en el pasado y crees que te va a volver a suceder lo mismo. Lo que sucede aquí es que te auto-hipnotizas sin darte cuenta. La consecuencia de este tipo de discurso interior, generado por el miedo del ego, es que llegas a creerlo tan firmemente, que terminas respondiendo a los hechos que te suceden de la misma forma que en la otra ocasión. Por lo tanto provocas la misma situación tú mismo. Se trata de lo que conocemos como "efecto pigmalión" o "profecía autocumplida".

Eres tú el que provoca que se produzcan los mismos resultados que en la otra ocasión, por lo tanto, vuelves a reafirmar esa idea que tenías. Es como un círculo vicioso pero la realidad es que cada momento es distinto, cada situación es nueva, por mucho que se parezca al pasado. Tú mismo eres otro, eres diferente porque has evolucionado desde aquél acontecimiento. Tienes la capacidad de aprender y de crecer, de responder de forma diferente a como lo hiciste en aquél momento, cada día eres una persona nueva.

Observa tu lenguaje, ¿utilizas a menudo términos como: todo, nada, siempre, jamás, nunca,...?

...

Estos términos son absolutos y están influyendo en la percepción de tu realidad, no son fieles a ésta porque generalizan y establecen normas absolutas, por ende, falsas. Que hayas tenido dos parejas infieles, no implica que todos los hombres o las mujeres sean infieles.

Quizá te haya sucedido algo en numerosas ocasiones, por lo que habrás establecido una norma en tu mente. Sé consciente y disuélvela, haz el favor de ayudarte.

Estoy segura de que ese "siempre" que has atribuido a tu experiencia no lo es tanto y que, en el caso hipotético de que haya sido constantemente hasta hoy, puedes hacer un ejercicio de honestidad dándote cuenta de que así fue en el pasado pero mañana es otro día y tú serás otro también. Más listo, más sabio. Date una oportunidad, confía en ti.

Recuerda que la mente opera por memoria, no sabemos qué va a suceder mañana, asúmelo, no lo sabemos por más que a tu ego le duela o te empeñes en lo contrario. Por lo tanto, si la mente opera por memoria, es muy arriesgado hacer este tipo de afirmaciones universales, ¿no crees?

...

Es de ser poco inteligente generalizar y establecer normas universales extrapolando tu corta experiencia al mundo mundial, máxime cuando sabes que hay excepciones hasta en tu propia vida.

Deja la puerta abierta o de lo contrario te estarás haciendo auto-hipnosis de nuevo, atrayendo y creando eso que "deseas que no suceda".

Sigue leyendo, en el siguiente apartado comprenderás el juego del lenguaje y el focus en la construcción de los cimientos de tu realidad.

Lo que crees en tu mente lo creas en tu vida, te guste o no, creas en ella o no. Pensar lo contrario sería como tirarse de un décimo piso pensando que vas a volar porque no crees que exista la ley de la gravedad. ¿Ves la arrogancia del ego?

Lleva mucho cuidado con lo que crees, porque eres un creador, somos grandes constructores de la realidad. Si deseas saber cómo estás creando, a continuación lo descubrirás:

4. Efecto Pigmalión o Profecía Autocumplida

¿Cómo te quedas si te digo que tú eres el responsable de todas las experiencias que te suceden, que tú eres el artífice, incluso, del comportamiento de otras personas?

...

Soy consciente de que tu ego acaba de recibir un gran disolvente y le quema, no quiere que se le acabe el chollo y negará lo que acaba de leer. En cuyo caso tienes dos opciones: abandonar aquí tu lectura y seguir con una vida de ego inflado, inconsciente, victimizándote y buscando culpables, o puedes seguir leyendo y abriéndote a nuevas ideas que te ayuden a ser libre en mayúsculas, elevando tu conciencia a niveles que ni conocías y siendo el único soberano y artífice de tu vida.

El efecto Pigmalión está a la orden del día en cada momento de nuestra vida. Se define como:

"Las expectativas que tenemos sobre alguien determinan nuestro comportamiento hacia esa persona y nuestra conducta hace que la otra persona se comporte conforme a nuestras expectativas, aunque realmente sea de otra manera"

...

Al igual que tus creencias influyen sobre tus capacidades, también lo hacen sobre tus relaciones. Dependiendo de tu creencia sobre cómo creas que es una persona, así te comportarás con ella. La consecuencia es que esa persona, a causa de tu conducta, se comportará de la manera que esperas, aunque realmente esa persona no sea así.

¿Has tomado conciencia de lo poderoso que eres?

Dependiendo de cómo "crees que una persona es": alumno, hijo, esposo, jefe, amigo, conocido, etc., así te relacionas con ella. Párate y observa tu conducta.

De esta manera estás ejerciendo una altísima contaminación de la realidad, máxime si tus expectativas son muy rígidas y eres una persona que vive desde la cabeza, es decir, en el mapa, no en el territorio.

Cuando te haces una idea sobre alguien desde la etiqueta que le atribuyes, proyectas sobre ella todo lo que en tu mapa mental hay adherido a esa etiqueta. Vives desde lo que debería ser y no desde lo que es en realidad, por eso te enfadas, porque no cumple tus expectativas, intentas que encaje como sea, incluso a martillazos. Pero cuanto más lo intentas, más te alejas de lo que esa persona es, no ves lo que tienes delante, sólo lo que tu ego ve en la mente.

¿Quieres dejar de hacerlo? Mete a la lavadora tus juicios y creencias, vuelve a las heridas del alma, te ayudará. Después sigue leyendo.

¿Quieres saber cómo ES esa persona realmente? Es lo más sencillo, después del aclarado y de centrifugar tu ego, tiende tu atención sobre el suelo, sobre lo que ES sin juicios, creencias ni expectativas.

Cuando te relacionas desde el juicio y las expectativas con los demás, estás intentando encajar tu mapa mental en el territorio, una locura imposible de lograr. Cuando este mecanismo opera, se da por cuestiones de percepción, atención y memoria selectiva. Por economía mental vemos sólo aquellos datos que confirman nuestras creencias o juicios personales y obviamos el resto, dejando a un lado toda posibilidad de ver lo que sucede realmente delante de nuestras narices. Dejamos de ver el potencial real de la situación, de nosotros mismos y de la otra persona.

Las creencias nos determinan, probablemente seamos conscientes de algunas de ellas pero la mayoría son inconscientes, las más poderosas porque operan directamente en el cuerpo a través de emociones y sensaciones ante estímulos que las detonan.

...

Las creencias más grabadas son las más "repetidas", es nuestro proceso de aprendizaje por excelencia, la repetición. La cuestión a destacar es la posibilidad de generar nuevas creencias que nos ayuden, sostengan y nos acompañen a conseguir, ser o tener aquello que queramos. Sea como fuere, con trabajo sistémico o por repetición neurolingüística. En consulta trabajo de múltiples formas, todas ellas efectivas cuando el receptor tiene un cierto grado de humildad y se hace cargo de su ego. Ni te imaginas el cambio que puede dar tu vida con un poco de disciplina y amor por ti mismo.

Sí, no me olvido, sé que estás deseando conocer la explicación científica del Efecto Pigmalión o Profecía Autocumplida. Pues bien, allá va:

El efecto Pigmalión o profecía autocumplida tiene su origen en la mitología y fue acuñado por el psicólogo social Robert Rosenthal a raíz de unos experimentos realizados en 1965. Según Rosenthal, el "efecto Pigmalión" se refiere a "que lo que una persona espera de otra puede llegar a servir como una profecía auto-cumplida".

Científicamente se ha demostrado en diversos experimentos la presencia de este efecto en la educación. Las expectativas que un padre, madre o profesor tienen sobre un hijo o alumno afectan directamente al rendimiento de éste. Si se trata de buenas expectativas, viéndose por parte de los educadores las capacidades que tiene esa persona, la educación será motivadora y muy positiva. No obstante, si el padre o profesor quiere que su hijo o alumno cumpla los deseos que él no cumplió o proyecta en su hijo todas sus frustraciones, le estará haciendo un flaco favor a este niño, pues le gritará o reprenderá con frases del tipo: "si no haces los deberes te irá fatal en la vida" o "no vas a conseguir llegar a nada". Se trata de frases que muestran el alto grado de frustración de la persona que las emite y que no sabe el efecto nocivo que puede provocar en un niño pequeño. Los efectos vienen dados por las frases pero, sobre todo, por lo implícito: el tono de voz, gestos, actitudes y mensajes implícitos en lo que decimos.

El niño aprende precisamente eso, la creencia afectará directamente a su futuro, a no ser que sea modificada. Es muy recomendable observar qué expectativas tiene una persona sobre otra, pues te ayuda a ver las cosas como son y no como te gustaría que fueran, frenar ese estado emocional y preguntarte si quieres que tu hijo sea feliz o haga lo que tú no hiciste en su día. Esperando que quieras a tu hijo y que desees lo mejor para él, no para tu ego, el hacer este ejercicio auto-crítico te ayuda a poner los pies en la tierra, a tomar contacto con las posibilidades reales del niño, con sus preferencias y deseos. Sólo desde ahí puedes motivarle a través del cariño con creencias potenciadoras, pero puedes hacerlo sí y sólo sí antes has trabajado en ti tus carencias y heridas emocionales, fundamental para dejar de proyectar.

Lee en las siguientes líneas cómo se genera un Efecto Pigmalión real, investigación científica realizada en un centro de enseñanza:

Se realiza en un colegio, tomando como grupo experimental una clase de niños de doce años, concretamente se elige un niño como sujeto clave. Al comienzo de curso, se da a dos profesoras, a cada una de ellas en privado, una información (expectativa) en relación al niño en cuestión:

Expectativa o píldora informativa a la profesora de lenguaje: "este niño es muy revoltoso y hablador"

Expectativa o píldora informativa a la profesora de matemáticas: "este niño es un genio en matemáticas, es el mejor de la clase"

Ambas "expectativas" son creadas ad hoc, ambas informaciones son falsas.

El chico es un alumno de aprobado en matemáticas, es bueno en lengua y también se comporta bien en clase, no es revoltoso. Es decir, es un alumno "del montón".

¿Adivina qué pasó a final de curso?

...

Exacto! El alumno suspendió lenguaje y sacó matrícula de honor en matemáticas.

¿Por qué?

Porque las expectativas previas que tenían sobre él cada una de las profesoras hizo que cada una de ellas se comportara con él de una determinada manera. Ahora sí, vamos a ver con pruebas tangibles cómo se planta la semilla de un efecto Pigmalión.

Conducta de la profesora de lenguaje –Expectativa Negativa-:

La profesora explica la lección en clase. Mientras escribe en la pizarra, los alumnos comienzan a hablar, se establece un revoloteo general. Ante lo cual la profesora se gira y lleva su atención al niño sobre el cual posee una expectativa negativa.

Todos los alumnos hablan, sí. Pero ella únicamente ve y regaña al niño que mira, el de la expectativa. Lo que sucede a continuación es que el niño, al sentirse injustamente tratado, replica diciendo: "señorita, está hablando toda la clase, no sólo yo".

Como consecuencia de dicha conducta, la profesora se sitúa más en sus trece confirmando su expectativa "replica, en efecto, es muy rebelde, hay que castigarlo". Por lo que el efecto Pigmalión se vuelve a retroalimentar.

Este suceso, prolongado a lo largo de un curso académico provocó desmotivación en el niño, incluso desgana de asistir y estudiar la asignatura. ¿La consecuencia? El suspenso.

Conducta de la profesora de matemáticas –Expectativa Positiva-:

La profesora explica la lección en clase y reparte los ejercicios correspondientes. Al pasar por el pupitre del alumno sujeto de estudio, ésta le pregunta: ¿Sabes hacerlo verdad?, Es muy fácil!

Ante lo que el niño responde: No señorita, no sé hacerlo. –Respuesta nada sorprendente teniendo en cuenta que, realmente, el niño es de aprobado en matemáticas-

La profesora responde, movida por su expectativa positiva: ¿Cómo que no?, si este ejercicio es muy fácil para ti, seguro que sabes hacerlo, mira…

La profesora le explica el ejercicio de arriba abajo con la certeza de que es imposible que el niño no sepa hacer dicha tarea. Su paradigma y su motivación emocional, generada mediante la creencia, hacen que refuerce positivamente al niño a lo largo de todo el curso. Además, el convencimiento de la supuesta genialidad del niño en la materia, por parte de la profesora, hace que la forma de dirigirse al alumno sea muy provechosa y paciente durante las explicaciones.

El niño se sentía tan bien tratado que su motivación iba en aumento, emocionalmente se sentía muy valorado en clase, por lo que desarrolló un interés por la materia mayor al que tenía hasta entonces, lo cual hacía que le dedicase más horas de estudio en casa y se abriera a la profesora de manera natural para preguntarle las dudas.

Es decir, respondió positivamente, como era de esperar, a la expectativa positiva y consecuente conducta de la profesora.

Finalmente, el niño obtuvo las mejores calificaciones de clase, una matrícula de honor en Junio.

¿Te das cuenta de lo rápido que se genera un Efecto Pigmalión?

Sólo hace falta una píldora informativa –expectativa- por parte de una figura concreta, a la que le atribuimos cierta autoridad, para generar toda una red paradigmática sobre cómo es una tercera persona o cosa. Por lo que en este experimento científico confirmamos: "Creer para Ver".

...

Decía Einstein que era más fácil desactivar la bomba atómica que una creencia. Nada más cerca de la realidad.

¿Qué te parece el resultado? El poder de influencia que tienes sobre las situaciones es altísimo, si eres consciente de utilizarlo en positivo, tus resultados serán asombrosos. Por lo tanto, revisa qué expectativas tienes sobre los demás y sobre ti mismo. Ojo con los juicios y creencias, pues puedes estar perdiéndote algo muy bueno, que pasa por delante de tus ojos, por tener una expectativa negativa sobre ello. Observa dónde y de qué manera pones el "foco" y atrévete a cambiarlo en positivo, experimentarás nuevos resultados, haz la prueba.

Con respecto a la profecía autocumplida para contigo mismo, has de tomar conciencia de que aquello que piensas que eres capaz de ser, hacer o tener lo harás realidad tú mismo, así de simple. No importa si no tienes los recursos, si no estás en el lugar adecuado, no tienes los conocimientos o cualquier excusa con la que otro o tú mismo pretenda interferirte. Si tú tienes la creencia de que eres capaz, lo conseguirás porque la fe mueve montañas. La mente consciente e inconsciente se alinean para conducirte a la meta, es la mente la que te lleva a conseguir o a perder algo, independientemente de tus capacidades reales. ¿Y qué es real? Sólo aquello que es inmutable.

...

A continuación expongo un caso real que viví como coach en consulta hace algunos años y que muestra cómo una creencia puede llevar a una persona a convertir en realidad sus peores pesadillas:

Una persona apareció en mi consulta apesadumbrada a causa de los celos e inseguridades que sentía para con su relación de pareja. Su creencia fundamental se construía sobre la idea de que su pareja le era infiel. Todos los indicios, que no pruebas, de los que hablaba se lo confirmaban.

Trabajando en su autoestima descubrimos una mentira personal para consigo misma:

"No valgo nada".

Sentimiento de auto-desvalorización sobre sí misma muy profundo, lo que deriva en paradigmas adscritos a su mentira como: "mis sentimientos no son importantes", "mi opinión vale menos que la de los demás", "mi pareja está conmigo por lástima", "no tengo derecho a cumplir mis deseos", "mis necesidades no son importantes", "si mi pareja conoce a alguien más atractivo me dejará", "la vida me cuesta", etc.

Una fuerte inseguridad personal, derivada de sus paradigmas, se reflejaba en su tono de voz, postura, forma de actuar y de relacionarse.

Totalmente convencida de que su pareja le era infiel, trabajamos incluso en pareja el asunto. De hecho, en una de las sesiones donde indagamos sobre algunas creencias personales, pudimos ver cuáles sostenían este malestar: "no merezco ser feliz", "todos los hombres son infieles porque así son los de mi familia", "soy una mujer sin poder personal, el hombre manda", etc.

Se puede observar que transgeneracionalmente, había adquirido diversos paradigmas de su sistema familiar, perpetuando el rol de infidelidad de los hombres de su familia en las parejas de la descendencia, véase ella mima.

Como contrapunto, trabajando con la pareja, pudimos comprobar el sufrimiento que ésta acostumbraba a sostener, a causa de los celos de su cónyuge. Los hechos mostraban que la pareja la adoraba y, además, le era fiel. Sin embargo, de nada le servía decir la verdad, incluso con pruebas fehacientes.

La persona en proceso personal, no quería ver ni escuchar ningún un dato que fuese en contra de sus creencias, a pesar de que eran autodestructivas. En no muchas ocasiones esto es algo que sucede en consulta, personas que no desean salir de su infierno y se agarran a su sufrimiento. Cuando este hecho se da, el anclaje al paradigma se potencia como defensa y esto impide al consultante ver de manera tangible todo aquello que contradice sus ideas.

La pareja se sentía profundamente controlada y maltratada a cada momento, era sometida a espionaje, le contabilizaba el kilometraje del coche, le llamaba a cada momento y le olía toda la ropa al volver a casa. La consultante, víctima de celos lo justificaba como algo necesario. Estaba plenamente convencida.

La pareja continuaba sosteniendo la situación por el amor que sentía para con su cónyuge pero todo tiene un límite y el ser humano también.

Desafortunadamente, no hay mayor letrado que uno mismo cuando se trata de confirmar un paradigma profundo, juicio o creencia. La consultante se identificaba tantísimo con su propio papel de víctima que no hacía esfuerzo alguno por ver lo que valía realmente, por soltar creencias limitantes que le dañaban profundamente. Paradigmas que también dañaban su relación y a su pareja. Seguía agarrándose como el pegamento a la creencia de que su cónyuge le iba a ser infiel y que la iba a dejar. Seguía en estado de vigilancia y alerta a cada momento, le espiaba el móvil, incluso llamaba al trabajo.

Llegado un momento su pareja ya no pudo más, el amor ya no dio más de sí, sus sentimientos se estaban viendo muy dañados y su dignidad también.

Tras mucho tiempo de sufrimiento innecesario, el cónyuge finalmente cumplió la expectativa de la consultante: la abandonó, se fue de casa y, al poco tiempo, comenzó una nueva relación.

El lector ha de saber que esto no es lo más preocupante de un Efecto Pigmalión, sino la confirmación del paradigma mental. Lo peor de una profecía autocumplida no es que se cumpla, sino lo que la persona que la crea con su propio comportamiento piensa a continuación: "¿Ves? Yo tenía razón". De esta manera confirma todavía más dicha creencia anclándola en mayor profundidad dentro de su mente e inflando más todavía su ego.

Ese "yo tenía razón" es la respuesta más egoica que puede dar un ser humano ante un acontecimiento. Si eres de este tipo de persona que desea tener razón, toma ya tu razón, otros preferimos ser felices.

Desde la perspectiva de un observador, puede parecer un autosabotaje en toda regla, pero desde la perspectiva del afectado, su verdad es la que dicta su mente y, desde ahí, la proyecta hacia fuera. Nosotros somos el director, proyector, creador y actor de nuestras películas, la mente egoica funciona así, desde las creencias. El SER, en cambio, desde las experiencias. Te sugiero una gran dosis de humildad la próxima vez que critiques a alguien víctima de sus proyecciones porque tú también lo eres de las tuyas. Si deseas salir de ahí, sigue leyendo y ábrete a despertar.

5. Visión catastrófica

Cuando somos víctimas de este mecanismo y operamos desde aquí, lo que hacemos es, en primer lugar, imaginarnos un escenario futuro negativo y ponerlo en el presente, anticipándolo de una forma catastrófica y negativa para nosotros. En segundo lugar, nos preparamos en el hoy para ese futuro catastrófico y nuestro sistema nervioso siente como real esa imaginería mental.

Nos generarnos muchísima ansiedad a través del lenguaje y de lo que nos decimos sobre ese futuro negativo e inventado pero que creemos real. Nos generamos desconfianza, falta de motivación y autoestima y nos restamos energía para afrontar las cosas de nuestra vida. Como consecuencia, ¿cómo vamos a afrontar esa situación si pensamos que nos va a salir mal?

...

Obviamente, es mucho más probable que las cosas nos vayan bien si mantenemos una actitud positiva hacia ellas. Nuestra actitud, puede derribar barreras, muros que han estado impidiéndonos avanzar durante años. Todas las experiencias nos sirven para crecer, pero al ego le encanta controlar, su único objetivo es protegernos, y lo hace impidiéndonos vivir.

¿De qué manera?, generándonos ese tipo de escenarios catastróficos y creando soluciones a esas mentiras, así estamos constantemente resolviendo un problema que no ha existido, y haciéndonos daño. Sufriendo a causa de un mecanismo no consciente pero destructivo de la autoestima y la autoconfianza, viviendo tan intensamente ese futuro catastrófico en nuestro sentir que nos lo creemos, generando nuevas formas de salir de una situación que ni si quiera se ha creado.

¿Alguna vez te has visto una manchita en el brazo o un bultito en el cuerpo y has pensado lo peor? ¿Que era un cáncer o algo similar?

...

Lleva cuidado con lo que te dices a ti mismo, la visión catastrófica te puede hacer sufrir mucho. Si te dices a ti mismo cosas negativas sé consciente, por lo menos, de que es tu propia mente la que genera los fantasmas y demonios. ¿No sería igual de práctico y mucho menos doloroso pensar de manera más positiva?

...

6. Falacia del control interno

Mecanismo a través del cual nos decimos a nosotros mismos que solo nosotros podemos hacer bien las cosas. Tenemos un paradigma interior que se estructura a través de esta frase o este concepto pero obtenemos algunas consecuencias: no queremos delegar, creemos que todo es responsabilidad nuestra, no confiamos en el buen hacer de los demás y, además, no dejamos que otras personas nos ayuden o participen, y si lo con sentimos, normalmente le sacamos algún fallo o alguna pega y terminamos pensando: Ves como no vale la pena que me ayuden si al final tengo que volver a hacerlo yo.

¿Cuántas veces te ha ocurrido?

Si te sientes identificado con este mecanismo, te daré algún dato: la terapeuta estadounidense Virginia Satir, hizo una investigación científica sobre sistémica familiar en el hogar, consistió en descubrir cuántos modos hay de hacer algo bien. Ella descubrió en dicha investigación que había más de 200 formas diferentes de lavar los platos bien. Sí, bien las 200.

¿Cuántas veces has reñido a tus hijos, a tu marido, a tu esposa, o a un amigo diciéndole que así no se lavan los platos, o que así no se hace un bistec o que así no se tiende la ropa?

...

Que las demás personas no hagan las cosas igual que tú, no significa nada, simplemente que lo hacen de una forma diferente a ti. Así que ya puedes dejar de pensar que solamente tú sabes hacerlas bien y soltar ese desmesurado peso de responsabilidad que te atribuyes y soportas. Cada persona hace las cosas a su manera, el mundo no depende de ti. Ábrete a ver cómo las hace otra persona y, a lo mejor, puedes aprender algo nuevo. Sal del juicio y la negatividad, sólo así lo conseguirás.

7. Falacia del control externo

Se trata del mecanismo opuesto al anterior. Las personas que viven con este tipo de mecanismo piensan que las cosas les ocurren por casualidad no porque tengan nada que ver con ellas, no son conscientes del poder que tienen sobre las cosas y echan balones fuera constantemente, descartan su responsabilidad ante lo que les sucede.

Por ejemplo, si no rinden en sus estudios, es porque los profesores no saben instruir, si les sale mal una tarea laboral es porque los demás le han informado mal. Si les tiran del trabajo es porque el jefe les tenía manía, es decir, echan la culpa siempre a otros y eliminan cualquier tipo de responsabilidad propia en lo que les sucede.

Se trata de una postura muy cómoda donde se juega al papel de "por tu culpa", "tú empezaste", "yo no lo sabía" o "me tienen manía". Pero el hándicap de esta operativa es que te estás quitando completamente tu propio poder y tu capacidad de empoderamiento personal. Cuando culpamos a otros, responsabilizamos a otros, es decir, le damos todo nuestro poder a otros.

8. Personalización

En este tipo de distorsión nos hacemos mucho daño mediante nuestro lenguaje intrapersonal, es decir, con el lenguaje que tenemos para con nosotros mismos. Las palabras tienen el poder de curar o de dañar, de servir de bálsamo para el dolor o de abrir brechas de dolor en nuestro corazón.

Cuando personalizamos los acontecimientos, solemos compararnos con los demás de un modo desfavorable para nosotros. Si esto sucede dañamos nuestra autoestima al máximo.

Por ejemplo, ¿Alguna vez hablando con alguien has pensado que esa persona era más inteligente, guapa y segura que tú?

...

¿De alguna manera has comenzado a desvalorizarte pensando que tú no tienes esas cualidades o que la otra persona es más inteligente, atractiva, guapa y un montón de cosas más que tú no eres?

...

Este tipo de pensamientos causan un gran desánimo en ti, frustración, baja autoestima, etc. Si constantemente te desvalorizas, le quitas valor a lo que eres y haces, te haces daño.

Este mecanismo posee varios disfraces, no sólo el que acabamos de ver, también personalizas cuando crees que alguien que está hablando te está lanzando indirectas, piensas que lo que dice es una indirecta hacia ti. Por lo tanto, en vez de hacer suposiciones, ¿por qué no le preguntas directamente?

...

¿Te crees el ombligo del mundo?

Mira a ver de qué manera no te haces caso a ti mismo, ni te tienes en cuenta para necesitar ser el ombligo de los demás. O quizá estás en un grupo de personas, alguien hace un comentario o gasta una broma y también crees que es una indirecta para ti. Si es tu caso, lo que estás haciendo es hablarte mal a ti mismo a través de otra persona. Relájate, respira hondo, y toma mucha conciencia de cuál es tu lenguaje intrapersonal, tu discurso interno.

9. Razonamiento Emocional

Es un mecanismo que está a la orden del día en nuestros malestares. Para comprobar si lo padeces o lo has padecido, te haré una pregunta:

¿Cuántas veces intentas buscarle un por qué a tu malestar emocional?

¿Te sirve de algo?

...

Las personas solemos jugar a un juego destructivo:

Imagina un triángulo equilátero, en cada uno de sus vértices encontramos los siguientes conceptos escritos: mente, emociones, y sensaciones. ¿Cómo crees que opera el juego?

¿Tenemos un pensamiento que detona una emoción?

¿Tenemos una emoción que detona una sensación?

¿Tenemos una sensación que detona un pensamiento?

¿Tenemos una emoción que detona un pensamiento?

¿Tenemos una sensación que detona una emoción?

¿Tenemos un pensamiento que detona una sensación?

¿Cuál de todas ellas es la verdadera?

...

Todas son verdad, lo que sucede es que nos quedamos con lo básico: un pensamiento nos genera una emoción. No obstante, todas las demás se dan. Veamos:

¿Te has levantado alguna mañana sintiéndote mal sin motivo?

¿Qué hiciste a continuación?

¿Pasaste de largo o te paraste a ahondar ahí para llegar al motivo por el cual te sentías mal?

Si optaste por la segunda opción, seguro que encontraste un motivo que perfectamente cuadraba con tu malestar. Bingo, ya tienes la respuesta, ¿Y ahora qué?

...

La mente genera pensamientos, esos pensamientos provocan emociones y esas emociones provocan sensaciones corporales. Operativa recíproca y bidireccional. A veces nos sentimos mal y punto, es mejor respirar y dejarlo pasar. Si comenzamos a racionalizar, ahondamos más en el asunto e incrementamos el malestar. Puede ser que un día te levantes con algún componente bioquímico desnivelado, causante del auténtico malestar y tú prefieras creer que es porque tu pareja no te hace caso o por la discusión de ayer con tu jefe.

Buscar razones sólo conduce a encontrar culpables de tu malestar, ¿lo ves?

...

A la mente le encanta detectar y buscar constantemente un motivo por el cual pueda confirmar que se encuentra mal, es decir, encontrar excusas para confirmar su estado corporal y emocional. Simplemente racionaliza y en cuanto encuentra un plausible motivo, lo hace único responsable y se lo cree. Se la está usando para racionalizar, punto.

Debemos saber utilizar bien la mente, haciéndolo a nuestro servicio, debe servirnos y no a la inversa. Si cuando sientes una emoción negativa, sea rabia, tristeza o frustración, te pones a pensar para ahondarte más en este sentimiento desagradable, estás haciendo un razonamiento emocional.

Pregúntate: ¿Cuántas veces te has enfadado con alguien, te vas a casa y comienzas a recordar esa situación y otras situaciones parecidas hasta que tu enfado se hace cada vez mayor?

¿Cuántas veces te has puesto a discutir en tu propia mente con otra persona intentando ganar?

¿Cuántas veces has sobregeneralizado, incluso, afirmando "siempre me pasa lo mismo"?

...

Reflexiona sobre estas preguntas y ten en cuenta que no sirve de nada darle vueltas al coco, solamente generas una bola de emociones negativas que te daña y te impide estar en paz.

10. Culpabilidad

Herida emocional ya tratada en otro punto de este libro que, además, también se incluye como mecanismo de distorsión cognitiva por el doctor Beck. Se trata de una de las peores emociones que pueden existir y se da cuando nos auto castigamos con pensamientos de desvalorización respecto a situaciones o acontecimientos que no tienen nada que ver con nosotros mismos, a veces, incluso, tomando la culpa de los demás.

¿Alguna vez has estado en una situación o acontecimiento donde dos personas han discutido y te has echado tú la culpa?

En este caso tu lenguaje interior está operando en tu contra y cargas parte de responsabilidad que no te corresponde.

Otra de sus variantes es hundirte en pensamientos de desvalorización cuando cometes un error y no paras de darle vueltas en tu cabeza, influyendo negativamente sobre tu nivel de energía vital.

Por ejemplo, hablándote de manera intrusiva y muy inquisidora a ti mismo interiormente. Diciéndote lo mal que haces las cosas o lo tonto que eres, reafirmando e inquiriendo en la culpa sobre tu error.

El grado de culpabilidad es indirectamente proporcional a los niveles de autoestima, es una emoción que te lleva a la auto desvalorización constante. Puedes machacarte de muchas maneras, por ejemplo con frases como: "soy inútil", "siempre me sucede lo mismo", "nunca cambiaré", "me cuesta mucho", "es imposible", "soy tonto" o muchas más. Cuando, en realidad, a veces actúas de una manera simplemente porque así lo sientes, no tienes todas las respuestas. Realmente, no te sirve de nada bueno culpabilizarte.

Sí un bebé sintiera culpabilidad, jamás aprendería a andar, se caería gateando y a la tercera se diría: "soy tonto, no puedo andar". ¿Cuántas veces has hecho tú esto contigo mismo en otros contextos?

Lo más constructivo para ti es analizar la situación en la que te sientes culpable y pensar de qué otro modo podrías actuar la próxima vez para que no te ocurra lo mismo, eso es aprovechar tus pensamientos de manera positiva.

También utilizas el mecanismo de la culpabilidad cuando no quieres hacerte responsable de tus actos o decisiones y culpabilizas a los demás de lo que te ocurre. No hay mayor equilibrio vital que saber donde terminas tú y donde comienza el otro.

Por ejemplo, imagina que tienes un buen amigo que ha invertido en bolsa y le ha ido genial, él te lo cuenta y a ti te gusta la idea. Le haces caso e inviertes. Sin embargo, pierdes, te sale mal la jugada. Tienes dos opciones:

Una sana: saber que ha sido tu responsabilidad, porque así decidiste tomar acción sobre algo que parecía interesante económicamente.

La toxica: echarle la culpa a tu amigo de tu situación económica actual. Crees que es él quien tiene la culpa, pero realmente no es así, tú decidiste invertir, tú tomaste la decisión, no tu amigo.

Con este ejemplo se ve claramente dónde termina una persona y dónde comienza otra. Conocernos bien, saber qué es tu responsabilidad y saber qué no es tu responsabilidad es la base del equilibro y la salud mental.

11. Interpretación del Pensamiento

Se trata de un mecanismo que realizamos constantemente, somos seres subjetivos y, como tales, filtramos la realidad a nuestro antojo, aunque no nos demos cuenta. Aquí utilizamos el lenguaje para interpretar lo que piensa otra persona, llegando a creerlo tan fielmente que nos olvidamos de que estamos construyendo un pensamiento mágico e irreal.

Despierta!

Aunque te encantaría, tú no puedes meterte en la mente de la otra persona, ni sabes qué piensa por mucho que lo creas. Pregúntale y, si te lo confirma, entonces estarás en lo cierto. Si no, sólo elucubras pensamientos mágicos.

Por más que lo creas, no puedes saber qué piensa otra persona, no lo puedes adivinar. Cuando, sin motivo alguno, crees que alguien está pensando mal de ti, por ejemplo, estás interpretando el pensamiento de otra persona con tu propio lenguaje intrapersonal.

Otra muestra de ello se da cuando estás hablando con alguien y hay otra persona mirando, entonces piensas que esa persona te mira raro o se está riendo de ti, te está criticando o lo que sea. La mayoría de las veces se trata de una proyección tuya.

…

¿Eres una de esas personas que no le pides favores a nadie?

O, si los pides, ¿piensas que se van a molestar o te van a decir que no y por lo tanto no dices nada?

Si esto te sucede, también estás interpretando el pensamiento, cuando no expresas lo que piensas o sientes por miedo a la reacción o a lo que piensan los demás. Fíjate bien cómo a través del lenguaje te dañas.

Pregúntate: ¿Qué estoy haciendo realmente?

Te voy a hablar claro: lo que estás haciendo es negarte a ti mismo en pro de otra persona, no nos importa la persona que sea, simplemente, estás negándote a ti mismo frente a otro ser humano. Sí en tu propia vida te niegas a ti mismo, el pilar fundamental se rompe. Entonces, ¿Cómo quieres que funcione tú vida?

¿Qué nivel de autoestima tiene una persona que se niega a sí misma frente a otra?

...

Difícilmente vas a sentirte bien jamás. Te estás auto excluyendo, impidiendo a los demás que conozcan tu verdadera opinión e impidiéndote a ti mismo empoderarte y tomar tu lugar. Tenlo en cuenta, porque a través del lenguaje, puedes hacerte mucho daño. Atrévete a expresar lo que sientes, si nunca lo has hecho, hazlo, aunque sea con miedo. La primera vez te costará, la segunda te costará un poquito menos, la tercera un poquito menos y la cuarta ya irá rodada. Hazlo ahora!

12. Deberes Personales

Al igual que la culpabilidad, este tipo de mecanismo de distorsión también coincide con una de las heridas emocionales ya tratadas. En este caso sería equivalente a la autoexigencia excesiva, hablamos de los llamados y famosos "debería de", "tengo que", "debo de", etc. Todos los deberes personales que nos imponemos y que nos hacen vivir desde un lugar automático, normativo, programado, muchas veces sin sentir, plenamente desconectados de nuestro ser y de nuestro corazón. Además, sumergidos en la culpa y en la presión por no hacer o dejar de hacer "todo lo que debería".

Llegamos a desconectarnos de tal manera de nosotros mismos que vivimos infelices y ni siquiera sabemos el porqué. Cumpliendo a rajatabla todos los mandatos de lo políticamente correcto, de las leyes que nos han impuesto desde niños, haciendo y siendo "niños buenos" pero sin ilusión en nuestro día a día. Si te sientes identificado con este punto, pregúntate lo siguiente:

Si hago lo que debo y, a pesar de ello, me siento infeliz, ¿a quién estoy siendo fiel dejando de serme fiel a mí mismo?

...

¿Estoy haciendo lo correcto según quién?

...

Recuerda que este tema ya lo has trabajado en el apartado de las heridas emocionales.

Este tipo de mecanismo también sucede cuando pensamos que nuestras creencias y valores personales son universales y que todo el mundo se debe guiar por ellos. Por lo tanto, nos enfadamos en cuanto alguien no hace las cosas como creemos que se deberían hacer. Nos molestamos con esa persona sin pararnos a pensar que cada cual tiene sus vivencias y su educación, sus introyectos y sus programas. Dos personas, ante una misma realidad o situación, pueden tener valores y creencias distintos e interpretar esa realidad de manera diametralmente opuesta. Lee la siguiente historia:

"Habían dos hermanos gemelos en la consulta del psicólogo, uno de ellos era alcohólico y el otro no. El psicólogo les hizo la misma pregunta a los dos, a cada uno en privado:

"¿Por qué bebes?".

Y ambos respondieron lo mismo,

El primero afirmó: "soy alcohólico porque cuando era pequeño mi padre era alcohólico y me sentaba en su regazo"

El otro hermano respondió: "no bebo porque cuando era pequeño, mi padre era alcohólico y me sentaba en su regazo".

Ten en cuenta que cada mente es distinta, incluso la de dos hermanos gemelos educados en la misma casa. Por lo tanto, es importante estar en contacto con nuestro corazón y conocer también nuestras creencias y valores para guiarnos y poder vivir de una manera en paz y feliz, respetándonos a nosotros mismos y respetando a los demás, sin interferir con severos juicios en lo que deberían hacer o no los demás.

13. Falacia de Justicia

Los severos juicios de los que hablamos en el párrafo anterior tienen mucha relación con este mecanismo, sobre todo cuando pensamos que lo que es justo y adecuado para nosotros lo debe ser para los demás. Extrapolamos nuestros juicios, valores y creencias a toda la humanidad y pensamos que los demás deben ser igual a nosotros. Una visión muy simplista y reduccionista del ser narcisista que llevamos dentro y cree ser el ombligo del mundo.

Cuando opera esta distorsión, pensamos que lo que es justo o injusto para nosotros debe serlo también para el resto de las personas. Así, cuando alguien actúa de un modo que creemos injusto nos enfadamos sin pararnos a pensar en los motivos por los cuales esa persona ha actuado de esa manera. Simplemente juzgamos la situación y valoramos eso que ha sucedido, emitiendo un juicio, etiquetando y perdiendo el contacto con la realidad.

También utilizamos la falacia de Justicia cuando no nos atrevemos a hablar claramente de una situación y nos amparamos en la injusticia para hablar con todo el derecho. Por ejemplo, a tu marido, o a tu mujer, le apetece salir con las amigas los viernes por la noche, cosa que hace a menudo. Mientras tú, durante una temporada, te tienes que quedar en casa trabajando por cuestiones profesionales, pero a ti eso te molesta y, en vez de hablar claramente, te callas. Un día le dices: "no es justo que tú te vayas por ahí a divertirte, mientras yo tengo que estar aquí trabajando". En realidad esa situación la podías haber tratado de otra forma, sin enfados y haciendo entender a tu pareja que te gustaría que estuviese más tiempo contigo mientras estás en casa trabajando, en vez de pegarle la bronca.

14. La Falacia del Cambio

Se produce cuando existiendo una situación en la cual están involucradas varias personas, entre ellas tú, tienes la creencia de que si tú cambias, los demás también cambiarán. Si bien es cierto que cuando una pieza del sistema cambia, éste cambia; también lo es que, cuando los demás no desean que mejore una situación no harán ningún esfuerzo de cambio por su parte, por mucho que tú cambies.

Por ejemplo, en el trabajo, a lo mejor hay una persona que te trata mal, insistentemente te trata mal y tú crees que es tu culpa e intentas tratarla bien o comportarte de otras maneras, incluso te sometes a sus deseos o le haces la pelota. Esa persona no sólo no cambia, sino que además te trata peor. En este caso, esa persona no quiere poner de su parte, incluso probablemente ni siquiera se dé cuenta de tu cambio o le dé igual. Ten esto siempre en cuenta: hay veces en que si otra persona no quiere cambiar, por más que hagamos nosotros, no podemos cambiar la situación. Tu punto de poder entonces se encuentra en tomar la decisión de hacer algún cambio que repercuta en ti en positivo, por ejemplo alejarte.

Otra acepción de la falacia del cambio se da cuando actuamos conforme creemos que los demás esperan de nosotros para sentirnos aceptados o queridos. Mucha atención a esto las personas con la autoestima muy baja, esto se hace para sentirse aceptadas, queridas, valoradas, etcétera. Levanta tu autoestima, porque sólo tú eres tu único juez, haz lo que sientas que debes hacer. Para ello tendrás que volver a estar en contacto con tus auténticos sentimientos y emociones. Es muy triste llegar a la vejez y tomar conciencia de que has vivido una vida de cara a los demás, mendigando amor y buscando el afecto que a ti mismo no te has dado. Una vida así nos aleja cada día más de nuestra propia valía y autoestima. Tómate unos minutos para reflexionar sobre ello.

¿Qué cantidad de energía pierdes intentando complacer a los demás?

...

La última de las variantes de la falacia del cambio se da cuando pensamos que nosotros no necesitamos cambiar y que son los demás los que deberían hacerlo. Pensamos que así nuestros problemas terminarían.

En este punto estamos en el otro polo. Aquí sucede lo mismo que en el primer caso pero al contrario, ahora somos nosotros los que por mucho que cambien los demás, sí por nuestra parte no existe ningún atisbo de cambio, pronto se darán cuenta de que no pueden poner nuestra parte en esa relación.

15. La Falacia de la Recompensa Divina

¿Has hecho alguna vez cosas o favores a otras personas pensando que un día te los devolverán?, ¿qué cantidad de cosas haces de manera no desinteresada, es decir, esperando algo a cambio?, ¿qué sucede cuando llega ese momento y tú no obtienes una recompensa?

...

Normalmente, cuando llega el momento y no vemos respuesta por parte de esas personas, nos molestamos con ellas. Por ejemplo, vamos a casa de un amigo o una amiga a hacerle compañía porque está enfermo, al cabo del tiempo un día necesitamos de su ayuda y deseamos que venga a estar con nosotros, pero esa persona te dice que tiene cosas que hacer y que no puede. En ese momento tú te enfadas y piensas "la próxima vez que se las apañe sólo".

Realmente las cosas deberíamos hacerlas por el simple placer de dar a los demás y nada más. No dar esperando recibir, esto nos puede llevar en más de una ocasión a la frustración. Prueba a hacer las cosas que sientes que tienes que hacer y no a hacer las cosas que sientes que no tienes que hacer. Si realmente quieres trascender y vivir en un estado sano, haz lo que te salga del corazón.

16. Etiquetas Globales

Las emitimos cuando sin conocer bien a una persona le ponemos una etiqueta. El peligro de poner etiquetas es que nos hacen comportarnos con esa persona conforme a la etiqueta que tenemos de ella. Ésta, aunque no sea de ese modo, a causa de nuestra etiqueta, acaba comportándose de la manera que esperábamos, ¿el motivo? nuestro comportamiento para con ella. Aquí se da lo que conocemos como efecto Pigmalión o profecía auto-cumplida. De la que ya hemos hablado.

¿Cuántas veces hemos juzgado a alguien sin tener ni idea de qué le puede estar ocurriendo en ese momento? Por ejemplo, estamos en un lugar tomando algo y entra alguien que conocemos y no nos saluda, automáticamente pensamos que esa persona es un estúpido y nos ponemos a pensar mal de esa persona. Quizás esa persona tiene un mal día, está de mal humor, o no se haya dado ni cuenta de nuestra presencia. Sin embargo, ¿cuántas veces pensamos en positivo?

...

Otro ejemplo en el que nos dejamos llevar por la negatividad:

Un día estás con tu marido en casa, de momento no te responde a algo que le dijiste, os vais a desayunar fuera y está absorto; tú empiezas a desvalorizarte, a pensar "¿en qué estará pensando?". Incluso si tienes muy baja la autoestima en ese momento, te preguntas a ti misma ¿quizá tiene a otra?

Cuando, a lo mejor tiene algún problema que no te ha querido contar o está estresado en el trabajo. También se producen etiquetas globales cuando nos ponemos etiquetas peyorativas a nosotros mismos. Por ejemplo, en ese momento en que estás con tu marido absorto y piensas: "no soy suficiente para él", "no valgo", "no merezco amor"... o, por ejemplo, cuando algo te sale mal y piensas: "soy tonto".

Etiquetarte negativamente te aleja de lo que eres en realidad, de igual modo que cuando etiquetas a otros. Por lo tanto, si sientes que te autodefines de manera negativa, lo más recomendable es que trabajes tu autoestima a fondo. Verás que comienzas a sentirte mucho mejor y que tus relaciones se vuelven más positivas.

Hacer el siguiente ejercicio te beneficiará:

Escribe una lista de tus mejores cualidades, cosas para las que eres bueno y logros que has conseguido a lo largo de tu vida, enuméralos y, si necesitas más espacio, coge un folio en blanco e inclúyelo en esta parte del libro:

Mis mejores cualidades:

1.____

2.____

3.____

4.____

5.____

6.____

7.____

8.____

9._______________________________________

10._______________________________________

Cosas para las que soy bueno:

1._______________________________________

2._______________________________________

3._______________________________________

4._______________________________________

5._______________________________________

6._______________________________________

7._______________________________________

8._______________________________________

9._______________________________________

10._______________________________________

Logros que he conseguido a lo largo de mi vida:

1._______________________________________

2._______________________________________

3._______________________________________

4._______________________________________

5._______________________________________

6._______________________________________

7._______________________________________

8._______________________________________

9.____

10.____

17. Tener Razón

Este mecanismo se produce cuando no escuchamos a los demás porque pensamos que estamos en posesión de la verdad. Es un mecanismo muy tóxico y dañino para las relaciones interpersonales. Aquí opera un ego fuertemente inflado con la creencia: "yo valgo según valga mi opinión". Lo desarrollan personas que depositan su valor en el hecho de tener razón sobre algo. Incluso te negarán que estén equivocados, aunque lo sepan en su fuero interno.

Cuando este mecanismo opera, te darás cuenta si, al estar inmerso en una discusión con otra persona, tus paradigmas del lenguaje mental insisten en que tu punto de vista es el adecuado. Aunque los demás te intenten hacer ver que tal vez las cosas no sean como tú dices, incluso con pruebas, seguirás insistiendo en lo contrario.

Si sigues hipnotizado con el mecanismo, lo que hace tu mente es captar alguna de sus palabras o frases para utilizarla a tu favor y tener razón. Ese tipo de distorsión lleva a discusiones fuertes y sin salida a no ser que uno de los dos tengáis grandes aptitudes para la inteligencia emocional. Existen innumerables casos de parejas y matrimonios que rompen su relación por tener este mecanismo.

Lo único que está sucediendo interiormente en la mente de la persona que posee este mecanismo es que su ego no quiere morir y es capaz de perder la relación con una buena persona frente a perder la razón de su ego.

El mayor miedo que tiene el ego es a morir, simbólicamente hablando claro está. Se trata de un mecanismo inconsciente. Cuando una persona posee el mecanismo de "tener razón", lo que inconscientemente se está diciendo a sí misma es que si no tiene razón se va a morir, pierde todo su valor, pierde toda su autoestima y pierde todo lo que ella es. Si te sucede algo parecido, abre bien los ojos a lo que está operando a nivel inconsciente.

Ten en cuenta que esto es una mentira personal como una casa. Podemos tener una opinión, otra persona otra opinión y, aún así, respetarla. El mecanismo de tener razón es un mecanismo muy complejo y se agarra como el pegamento, suéltalo, atrévete a equivocarte, atrévete a darle la razón a otro, atrévete a tener tu propia razón y respetar la de otros; atrévete en cualquier caso a hacer algo diferente pero atrévete y suelta ya ese apego a sufrir y a querer estar mal, porque te mereces vivir bien.

...

Tu mapa mental es etéreo, sólo son afirmaciones en tu mente, juicios sobre cómo deben ser las cosas. Sin embargo, es lo que da forma a tu realidad, lo que te hace triunfar o fracasar, ser feliz o infeliz, vivir desde la paz o con estrés, independientemente de tu territorio.

En cambio, el territorio es real, pasa por delante de ti, pero ni te enteras porque estás rallándote con tus paradigmas. Baja que la vida pasa, toma acción y arriésgate, permítete hacer algo diferente cada día para flexibilizar tu mapa.

Para los más valientes:

Piensa en lo que te da más miedo

...

Ahora hazlo!

¿Te crees que el miedo se va a ir? No, no se va. Las cosas se hacen con miedo, cogiendo al miedo de la mano y liderando tu vida, mirándolo y diciéndole: "vamos juntos, pero vamos".

¿Qué te crees, que vas a vivir doscientos años?, vive, experimenta, equivócate y ríete por ello, aprende, disfruta la vida, haz algo nuevo, ámate y mira lo que sucede delante de tus ojos, goza con el entusiasmo por vivir. El estado natural del ser humano es el gozo y la alegría, si te mueves en otros calibres emocionales, mira a ver qué pasa. Pero no arruines tu vida con lo que es, pensando en lo que debía haber sido.

"La vida es aquello que sucede mientras estamos ocupados haciendo otros planes"

John Lennon

¿Quieres ser feliz?

Muévete por experiencias y no por creencias, la vida se abrirá ante ti.

...

Y para finalizar este apartado, te ofrezco un poderoso ejercicio para que salgas de tu laberinto:

Ahora que conoces los mecanismos de distorsión cognitiva, plasma de manera escrita aquellos pensamientos que te traigan de cabeza, pensamientos que te hacen daño o que de alguna manera sientes que son disfuncionales. Por ejemplo:

"Estoy sólo en el mundo"

"Si mi pareja se enfada es mi culpa"

"Mi vida es un fracaso"

"No tengo novia porque estoy gordo"

Etc.

Pensamientos disfuncionales:

____

____

____

____

____

Coge todas las hojas en blanco que necesites para ello si no tienes suficiente y pliégalas en esta página cuando hayas realizado el ejercicio. Un vez que hayas escrito todos estos pensamientos vas a cuestionarlos de diferentes formas.

En primer lugar, te vas a convertir en el mejor abogado defensor; recuerda que en un juicio sólo cuentan las pruebas objetivas, científicas y demostrables. Por lo que vas a responder de manera fehaciente y objetiva a la siguiente pregunta:

¿Qué argumentos reales, tangibles, objetivos y mensurables tengo que demuestran que este pensamiento es verdad?

Pensamiento:

____

____

Argumentos:

____

———————————————————————————————

———————————————————————————————

———————————————————————————————

———————————————————————————————

———————————————————————————————

Si haces bien este ejercicio, te darás cuenta de que tienes muy pocos o casi ningún argumento verosímil o tangible, de que sacas conjeturas infundadas y de que no estás siendo realista.

A continuación, vas a ampliar tu mente, dejando espacio a que tus hemisferios e inteligencias funcionen en mayores cotas, respondiendo a la siguiente pregunta:

¿Qué otras opciones pueden estar dándose?

———————————————————————————————

———————————————————————————————

———————————————————————————————

———————————————————————————————

———————————————————————————————

En este caso abres las posibilidades a la creatividad, dejando espacio a que el hemisferio derecho te ayude. Escoge una de las frases, toma como ejemplo la creencia limitante:

"No tengo novia porque estoy gordo"

Recuerda que es sólo un ejemplo para tomar referencia a la hora de trabajar tus propios pensamientos.

Si aplicas la primera pregunta, te das cuenta de que no existe ni un solo argumento objetivo ante esta frase, de hecho es una conjetura, ni siquiera existe una consecuencia o correlación real, aunque sí una creencia y, como tal, para ti una verdad.

Si es así, observa a tu alrededor, seguro que hay muchísimas personas que tienen pareja estando gordas, estoy segura de que las ves. Ahora bien, ¿por qué no puedes ser tú una de ellas?

...

Ahora es momento de ir a la segunda pregunta. En cuya respuesta podríamos contemplar otras posibilidades que estás desechando. Por ejemplo, ¿Eres abierto y amable con las chicas que conoces?, ¿Has invitado a una chica a tomar algo alguna vez o dejas que sea ella la que lo haga por vergüenza?, ¿Sales a conocer gente o te quedas en casa apartado?...

Si respondes honestamente a estas preguntas y a algunas otras, te darás cuenta de que seguramente estás actuando de muchas formas que impiden la aparición de una relación sana en tu vida. Esas otras respuestas son las que tienes que anotar en este segundo paso.

...

____

____

____

____

____

____

En tercer lugar, tienes que escribir tus propias conclusiones. Éstas se basan en el análisis comparativo de las primeras respuestas y las segundas. Por ejemplo, siguiendo con la misma creencia o afirmación, puedes reflexionar sobre esas pruebas objetivas, si las hubiere, y las otras posibilidades encontradas que estaban ahí y no eran contempladas por ti.

...

En este caso, una posible conclusión podría ser: tengo un papel activo en la evitación de tener una novia, tomo conciencia de que mi gordura la utilizo como excusa para no tener pareja; probablemente no es la verdadera causa de no tener novia...

Como ésta, muchas otras opciones...

Estúdiate a fondo y conócete a fondo, así dominarás mejor tu laberinto. Escribe a continuación alguna de esas conclusiones sobre tu creencia en cuestión. Recuerda que hemos escogido una como ejemplo. Si necesitas más espacio, coge una hoja en blanco y añádela a esta página del libro:

____

____

____

____

____

La vida es dual, el ego polariza: blanco o negro, alto o bajo, gordo o delgado, luz o sombra. En sí misma, la percepción está cargada de dicotomías.

¿Te gustaría trascender esas polaridades e ir más allá, más alto, más profundo?

Sigue leyendo, nos vamos de boda...

2.3 Un bonito matrimonio: la unión alma y mente

Si las creencias limitantes nos llevan al autosabotaje, las creencias potenciadoras nos conducen a nuestros objetivos. Por ello, lejos de despertar, algunas personas prefieren un sueño feliz, éste lo facilita el enfocarte en tus potencialidades.

No vemos con nuestros ojos, vemos con la mente, con el SAR (sistema de activación reticular), lo explico varias veces a lo largo de este libro. Vemos con el cerebro, con lo que tenemos en la cabeza, filtramos con nuestras propias gafas y éstas son como huellas dactilares, construidas según nuestros mapas mentales vitales, paradigmas, por descontado, según el calibre emocional asociado a nuestras vivencias, juicios y creencias; nuestra cárcel.

Todo lo que contiene tu cabeza es información, memoria, por lo tanto limitada. Lo que hay en nuestra mente es lo que ha vivido, la información que ha recibido, no hay nada más. No está lo que sucederá mañana, por mucho que creas lo contrario y te frustre no poder controlarlo. Sólo está lo de ha sucedido hoy...y de ahí hacia el pasado.

¿Por qué sigues proyectando entonces?, ¿Porqué construyes tus escenarios futuros con la basura del pasado?

...

Sería absurdo buscar un vestido nuevo en un armario diferente al que lo guardaste, ¿verdad? Entonces, ¿Por qué buscas dentro de tu cabeza aquello que está fuera?

...

Lee, aprende, crece, sánate y sal de tu zona de confort, ahí descubrirás tesoros. Atrévete a sentir miedo y a caminar a pesar de él, deja ya de victimizarte y crece de una vez, por ti y los tuyos. Resuelve tus asuntos, trasciende tus heridas, pasa página y comienza a vivir las experiencias de calibrar más alto, sé un hacedor de milagros en tu vida, de ti depende. Conviértelos en rutina, vive lo que te trae la vida desde ahí y comienza a co-crear lo nuevo y deseado. Agárrate a ti que es lo único que tienes y eleva anclas, vive desde un lugar más fluido, confía más y controla menos. Vive desde el SER auténtico que eres, consíguelo conectándote a la corriente de energía universal, pasa de un estado de víctima profesional a uno de empoderamiento consciente.

Aprovecha esta saga para hacerlo.

Cuando llegas al empoderamiento consciente, los milagros se dan porque tu "hacer" se vuelve altamente poderoso. Lo que antes te costaba mucho, ahora es fácil porque no vas a la tuya, escuchas la vida, co-creas con el todo. Los resultados vienen antes y de manera mucho más natural y fluida. El secreto es el siguiente: a mayor poder, menor fuerza y a mayor fuerza, menor poder. Insisto una vez más, la fuerza es la herramienta que utiliza el ego para hacer las cosas a su manera, como él quiere. Ese "como él quiere" está limitado a la información concreta que tiene en la mente, es decir, fuera del armario donde te espera el nuevo vestido que tanto deseas ponerte.

El ego afirma: "Éste es el camino para conseguir aquello", si la vida nos trae algo diferente durante el trayecto, el ego lo tilda como "malo", lo enjuicia y rechaza porque cree que eso lo aleja del camino.

¿Cómo puedes creer que de ti depende absolutamente todo, cuando la realidad es que eres una mil millonésima parte?

...

Hay que ser muy poco inteligente para no darse cuenta de que el ego es limitadísimo, que únicamente hace conexiones en base a los datos que guarda, buscando información en un pequeñísimo bolso. También hay que ser muy atrevido para hacerle caso en última instancia a sus juicios y limitaciones. A poco que rasques, te das cuenta de que el SER que hay en ti es consciente de que existen múltiples maneras y caminos para llegar del punto A al punto B y de que no conoces la mayoría de trayectos, por más que tu ego se empeñe en querer controlarlo todo o hacerte creer que puede.

Quizá aparezca el miedo ante lo desconocido pero, si has hecho tus deberes, conectas con el SER que eres, apartas tu ego y permites que las cosas sucedan porque estás actuando desde el poder.

Pregúntate a ti mismo: ¿dónde hay más información: en una mente egoica, limitada y condicionada o en el conjunto de todas las posibilidades cuánticas personales, sistémicas y universales de lo que puede suceder en esta situación concreta?

...

No hay color, haz a tu ego a un lado poco a poco y conecta con tu SER, que tu vida comience a funcionar y a fluir de verdad. ¿Quieres hacerlo?, entonces tienes trabajo duro. La recompensa es la felicidad, el éxito y la paz interior. Yo no lo cambio por nada. ¿Y tú?

A mayor amor, mayor poder y menor fuerza, sientes y ves que las cosas vienen a ti. ¿No estás harto de ir corriendo tras las cosas como un mendigo en busca de un trozo de pan?

...

Abandona los harapos y encuentra tus tesoros interiores, mira dentro de ti con confianza y paciencia, depura la basura emocional que envuelve tu corazón y vive el auténtico poder.

Tu corazón amplifica su capacidad receptiva, de hecho, éste posee una capacidad de atracción electromagnética 5000 veces mayor que la de tu cerebro, lugar donde habita el ego. Tuya es la decisión.

Si conoces las leyes universales, has de saber la importancia de tener unos paradigmas sanos para manifestar cosas en tu vida. Al igual que el no conocimiento de la ley no te exime de cumplirla, el no conocimiento de dichas leyes no te excluye de su influencia. ¿O a caso la ley de la gravedad no ejerce sobre nosotros una influencia creamos en ella o no?

...

Créate una vida bella, unos paradigmas que te ayuden y te levanten, haz los ejercicios de creencias y repite las potenciadoras sin cesar. Comienza a calibrar bien alto, a vivir desde el desapego al control del ego y lo que deseas se materializará mucho más rápido de lo que puedas creer. Deja de poner resistencias e interferencias a tus deseos. Convierte la paz interior y la fe en tu compañera de viaje, en tu status quo y todo se adecuará a tu alrededor sin hacer grandes esfuerzos, porque ya ERES, eres la esencia, eres YO SOY, ¡eres poder!

...

De nada sirve autoengañarte tapando debajo de la alfombra tus miserias o poniéndote máscaras para aparentar otra cosa de cara a la galería. Tarde o temprano tienes que vértelas contigo mismo, ocúpate de ti, sana tus heridas para transformar tu vida.

TODO NACIMIENTO SURGE DE DENTRO HACIA FUERA,

"Si un huevo se rompe por una fuerza exterior, la vida se acaba pero si se rompe por una fuerza interior, la vida comienza"

...

Éste es el punto en el que las personas se atascan, desean hacer un cambio en su vida y lo que hacen es luchar por cambiar las circunstancias sin cambiar ellos. Guerra perdida.

Sólo si tú cambias, el mundo cambia, desde ahí puedes conseguir lo que quieres y actuar desde una posición de poder.

Tampoco puedes forzar a nadie porque si rompes el huevo para ayudar a nacer a la mariposa, la matas. Las cosas llevan un proceso y un tiempo, sé paciente contigo y con los demás. Los cambios siempre vienen de dentro.

Puedes crear un buen matrimonio entre tu alma y tu mente, te ayudo con el siguiente ejercicio:

En primer lugar, tienes que aprender a diferenciar las diferentes voces internas. Una sería la de la mente condicionada y otra la de la pureza del ser o alma. La primera es la del ego y la segunda la del SER. La única manera de establecer coherencia, fluidez, paz y éxito en nuestra vida es correlacionar ambas voces.

¿Cómo?

En primer lugar, detectando el verdadero discurso, el más puro, el que nace de tu parte más esencial. El auténtico anhelo viene de ahí, tus deseos verdaderos.

En segundo lugar, poniendo al servicio la voz del ego a la de tu SER esencial y borrando sistemáticamente la intoxicación de información que llevas cargando toda tu vida.

En tercer lugar, actuando en consecuencia.

Comienza a hacerlo realizando las siguientes reflexiones. Lo primero y más importante es ayudarte a que diferencies discursos. Para ello responde a las siguientes preguntas:

¿Cuál es mi deseo?

____

____

____

¿Qué me hace feliz de este deseo?

____

____

____

¿Para qué lo deseo?

____

____

____

¿Qué necesidad satisface?

____

____

____

¿Esta necesidad es propia o ajena?

____

____

____

Si es propia, ¿En qué ayuda o beneficia mi deseo a otros seres humanos?

____

____

____

Éstas son preguntas que ayudan a detectar al ego y al SER. Date cuenta de si tus deseos son propios o satisfacen a un tercero. Los auténticos deseos del alma siempre tienen un origen común a la humanidad, satisfacen una necesidad de servicio a los demás y están vinculados al progreso del alma.

Veo en numerosas ocasiones a personas cuyos deseos no son propios, sino de papá o mamá, personas que todavía no han crecido y siguen intentando complacer a sus padres de una u otra forma. Si es tu caso, no te fustigues, lo haces en un intento de amor y aprobación. En un impulso por ser visto, date tiempo con esto y reflexiona.

Si te has dado cuenta de que buscas admiración de otros es porque no la tienes de la persona más importante: tú mismo.

Los deseos del alma están vinculados a una sensación de paz y expansión, no neurótica de nerviosismo. Generalmente cumplen una función social o repercuten positivamente en otras personas.

Pongamos un ejemplo de deseo:

"Deseo facturar diez mil euros mensuales trabajando en lo que me gusta".

Bien esto es un deseo y no está mal siempre y cuando te des cuenta de que beneficia al ego. En cambio:

"Deseo hacer felices a muchos niños la mañana de Reyes con los juguetes que fabrico"

La afirmación es un deseo del alma, con foco en el servicio. Quizá este artesano de juguetes esté facturando no diez, sino treinta mil euros al mes, esto es indiferente, pero tiene el foco en el SER, con lo cual la energía fluye hacia ese lugar.

Cuando el norte de la persona se encuentra alineado con su alma, el éxito y el dinero vienen solos porque el timón sigue orientado al lugar del flujo vital. En cambio, si el deseo está orientado a un deseo egoísta, el camino se hace costoso y difícilmente sostenible, en el caso de conseguirlo. ¿El motivo? Porque el timón no está orientado al flujo de la vida que es la fuente energía y motivación.

¿Ves la diferencia?

...

Si una persona tiene el deseo bien enfocado, el día que falle alguna pieza como las ventas o el dinero, cambiará sus acciones para seguir con su camino de vida desde otra estrategia. Pero si lo hace desde el ego, el día en que falle su objetivo, se sentirá perdido y no sabrá para donde tirar porque buscará desde un lugar externo a su esencia.

Recuerda que si deseas manzanas y no paras de plantar limoneros, la vida te traerá limoneros. Observa bien si trabajas mucho pero la vida no te trae manzanas, te trae limoneros.

A veces damos o sembramos cosas diferentes de los frutos que queremos obtener. En nuestro mapa mental deberá haber coherencia si queremos obtener resultados en la vida. La coherencia parte de la alineación "mente, corazón e instinto" y, para alinear esos tres conceptos, primero has de conocerlos y saber cómo funcionan. Son los equivalentes a "pensamiento, emoción y acción". En este libro has podido trabajar la mente y el corazón; la acción correcta es una consecuencia del alineamiento de las anteriores. A mayor luz y conocimiento de ti mismo con respecto a cada área, más coherencia y alineamiento en tu vida. Para armar un puzle hemos de ver la forma de las fichas y unirlas en consecuencia, no a martillazos.

...

Ahora pasamos a un nivel superior: la trascendencia del laberinto. Permítete adentrarte en tus profundidades…

Pero antes, un proceso práctico de Mente Maestra…

3. Proceso práctico de mente maestra y toma de conciencia

1. El SAR

Lee despacio, después del contenido teórico es necesario integrarlo con trabajo práctico. Recuerda que el sistema de activación reticular es el medio a través del cual ves la realidad, se encuentra en el inconsciente, a la altura de los occipitales y es el que abre o cierra la puerta a tus deseos. Al contrario de lo que se ha pensado a lo largo de la historia, el ser humano no ve con sus ojos, ve con su mente. Ya has podido aprender mucho de esto a estas alturas. La realidad es neutra en sí, la mente le atribuye un valor,

¿Cómo?

A través de los juicios y creencias que proyecta sobre eso que ve. Párate por un momento y analiza qué has hecho en el día de hoy, a quién has visto, con qué circunstancias te has cruzado, en definitiva qué ha pasado.

Ahora cierra los ojos...

Recuerda cada momento del día, abre tu mente al recuerdo...

Tómate todo el tiempo que necesites. Cuanta mayor profundidad alcances, mejor harás el ejercicio.

Una vez que sientas que tu barrido mental lo tienes bien realizado, reflexiona:

¿Qué cosas concretas recuerdas de este día?

____

____

____

____

____

____

¿Qué valor has dado a cada una de esas circunstancias con las que te cruzaste a lo largo del día? Entendiendo esas circunstancias como negativas, positivas o neutras.

____

____

____

____

____

____

¡Párate un momento y revisa lo que escribiste!

...

No fueron las circunstancias ni la vida, sino los fragmentos que de ella extrajiste lo que ha configurado esas cosas que acabas de escribir.

El sistema de activación reticular se encarga de extraer tu mix diario de información; el origen del foco atencional se basa en la emoción. En base a cómo sean éstas, todavía no sanadas o en proceso de sanación, así dirigirán el foco de atención.

Escucha atentamente para comprender bien el proceso de atención del SAR. Toda emoción no digerida va a la mente subconsciente para ser guardada, lo cual provoca proyecciones que son trasladadas al exterior cada vez que de éste emana un estímulo que ancla la emoción. Justo en ese momento, el sistema de activación reticular establece, de manera inconsciente para ti, un foco de atención cuyo único fin es de proteger tu sistema de creencias y zona de confort.

Algunas emociones y creencias son positivas, otras negativas y otras neutras, ni siquiera las pasas por alto, a no ser que seas una persona muy consciente de sí misma, de hecho, muchas de esas emociones probablemente ni las recuerdes.

¿De qué depende esto?

...

De los mecanismos de protección de tu mente. De hecho a continuación vas a conocer el mecanismo de proyección que se establece cuando una persona guarda en su inconsciente algo no digerido por ella misma.

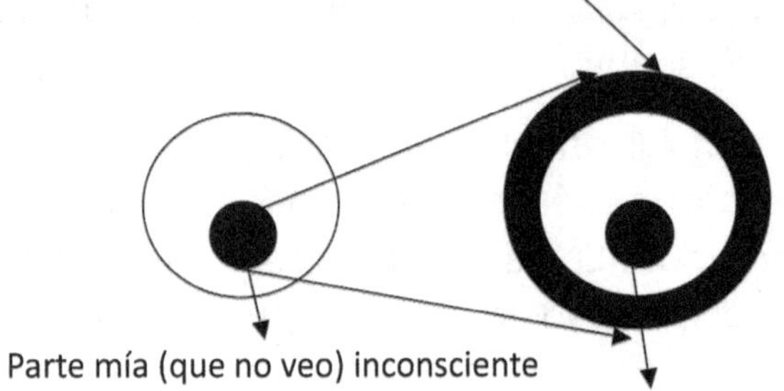

Mira atentamente la figura. En ella se muestra cómo funciona el mecanismo de proyección que se tiene a cada momento que tu mente niega algo propio. No se trata de una operativa al azar o caprichosa. Todo aquello que negamos y que es guardado en el inconsciente es algo doloroso por lo general, no digerido, difícilmente tragado, soportado, algo que nos costó vivir en un momento dado, que provocó una herida.

Las heridas del alma son las más importantes de sanar para trascender las circunstancias adversas de la vida. La sanación de las proyecciones es el comienzo de la sanación de las relaciones con los demás pero, sobre todo, de tu sanación interior. Nada tiene de positivo agrandar las cualidades de otros para bien o para mal, las proyecciones te alejan de la objetividad.

Como ser humano necesitas ir depurando los velos que impiden vivir una vida limpia de distorsiones, en tierra firme. En el tercer libro de esta trilogía profundizaremos en el concepto "tierra firme" pero, para abrir boca, has de saber que se trata de una forma de vida sostenida en la objetividad del suelo firme, equivalente a vivir con los pies en la tierra. Desde una observación neutra de los acontecimientos, ni demasiado optimista, ni demasiado pesimista, simplemente con plena claridad de lo que está sucediendo de verdad ante ti.

Date cuenta de que el sistema de activación reticular dirige la atención de manera inconsciente a esas partes negadas. Piensa, por lo tanto, que toda etapa cerrada y digerida te ayuda a observar con claridad lo que sí tienes delante, no lo que crees tener. Aunque para ti parezca auténtica realidad, lo que vives desde tierra cae por su propio peso.

El que marca la dirección de la atención visual es el SAR, dirigiendo el foco de atención a un punto o a otro pero el que marca el punto de anclaje emocional es la somática del cuerpo y ahí es donde te das cuenta de si tu verdadera esencia está floreciendo o siendo reprimida.

Si la dirección depende de lo que cada persona tiene en su mente y esto depende de lo digerido o no por la mente inconsciente,

¿Te imaginas qué verías si sanaras todas las heridas emocionales interiores?

...

Tu foco de atención sería mucho más concentrado, menos disperso. Las oportunidades de éxito saltan a la vista cuando la mente está limpia de proyecciones, libre de suciedad emocional. Ya has aprendido en el primer libro de esta trilogía que la mente pone foco en lo deseado o en lo no deseado y generalmente lo hace sobre esto último como mecanismo de defensa para evitarlo.

Esas defensas se reducen sobremanera cuando el inconsciente se limpia de lo que ya no le sirve.

¿Para qué estar alerta si ya no hay peligro?

...

Cuanto más limpio tengas el SAR de proyecciones, mayor es el enfoque a tu despegue. La limpieza emocional es la clave de este proceso, las heridas emocionales es lo que interfiere en el camino de las metas personales.

Los hechos no tienen significado en sí, en caso contrario,

¿No crees que todos le daríamos el mismo valor a las mismas cosas?

...

Piénsalo, si la realidad que percibes fuera plenamente objetiva, todas y cada una de las personas del planeta percibiría exactamente la misma realidad que tú. Evitaríamos lucha, discusiones, se extinguirían los conflictos, pues el acuerdo sería un hecho.

Por supuesto que esto no es así, que cada persona posee un tipo de molde mental a través del cual filtra su realidad. Dependiendo de cuáles sean tus creencias, tus valores, tus paradigmas mentales y tus heridas emocionales, así es tu valoración acerca de las cosas que te suceden y algo muy importante: la valoración que haces de ti mismo.

Por ejemplo,

Recuerda una situación que viviste en la que todo parecía ir bien pero un día se comenzó truncar a causa de algo que viste que te puso en alerta. Escríbela.

...

Ahora ve ahí, vuelve cerrando los ojos. Realicemos un ejercicio integrativo que facilite tu toma de conciencia personal. Probablemente con la distancia puedas ser algo más objetivo, sé inteligente y coge esa objetividad con pinzas. Limítate a observar lo que sucede.

Cierra los ojos y conecta con la situación que acabas de escribir...

...

Respira profundamente y relájate. Inhala y exhala con respiración abdominal, siente tu cuerpo...

Cada vez de tomas aire imagina que se trata de aire fresco, limpio de las montañas. Cada vez que lo exhalas imagina que sueltas, que dejas ir todo aquello que te sobra. Siente cómo tu cuerpo se destensa, permítete destensarlo para que tu mente pueda abrirse a percibir toda la información que necesitas recordar.

Abre tus sentidos con tranquilidad y paciencia, permítete ser y vivir de nuevo la experiencia para trascenderla, para conectar con tu ser. Permítete realizar un ejercicio profundo, por ti...te lo mereces...

Ahora sumérgete en la experiencia...

...

Entrar en tu cuerpo es fundamental para conectar con tus auténticos sentimientos y con la objetividad de los hechos.

...

Una vez hayas vuelto a conectar con la situación y contigo mismo, escribe todo lo relevante sobre lo que has visto y sentido en el ejercicio que acabas de hacer:

____

____

____

____

____

____

____

____

____

____

Date cuenta de toda la información nueva que ha aparecido al respecto, lo has conseguido tú mismo permitiéndote entrar en tus profundidades.

Sólo en la inmensidad de tu océano interior se encuentran tus más recónditos y preciados tesoros.

Si este ejercicio lo hubieras hecho únicamente a nivel cognitivo, es decir, recordando únicamente desde un plano mental, darías cabida a las proyecciones e interpretaciones que tu ego quisiera mostrar. Éste es el que atesora y registra todas las memorias escondidas, además de identificarse con el papel que le apetece a cada momento.

La mente memorística, la que recuerda, como mecanismo de defensa te dirá y justificará una y mil veces que fueron las circunstancias o la otra persona la que provocó dicha catástrofe. Sin embargo, lo que no sabes es que tú tuviste un gran peso en ese proceso, mirar tu parte es fundamental para ver los hechos desde la mayor objetividad.

Sabotearse a uno mismo es algo común al ser humano que vive desde la mente condicionada.

Recuerda la situación, seguro que tu comportamiento comenzó a variar en aquél momento en el que viste algo que te previno; la mente está programada para vivir alerta sobre cada acontecimiento, detectando todos y cada uno de los estímulos susceptibles de convertirse en amenaza, sean veraces o no. La mente sólo necesita un atisbo de duda para iniciar todo un argumento aparentemente lógico de sabotaje pero, además, de manera inconsciente. Justo en un momento dado, "algo" pasó ahí fuera que desató en ti una emoción que te puso alerta. La emoción que emanó, lo hizo de ti mismo, no de otro lugar. El miedo que surgió de ti no apareció de la nada, en ti estaba. La conducta que comenzaste a tener a raíz de aquello, probablemente fue diferente de la que tenías cuando fluías sin miedo. La única misión del ego es protegerte,

¿De lo malo?

...

De ninguna manera, no de lo malo, sino de lo que tu mente considera como malo o desconocido. La única misión de la mente es protegerte y, entre otras cosas, lo hace de lo desconocido. Saboteando cada situación que así considere como amenazante. Es lo que está detrás de situaciones que aparecen sin cesar como en bucle, como repetidamente en tu vida. No es magia, es un patrón de tu mente condicionada y enfocada a través del SAR.

Si tu éxito no está dentro de tus creencias y paradigmas, es decir, de tu sistema de activación reticular, tu ego y tu mente te protegerán privándote de él.

Por ejemplo, recuerda la profecía autocumplida o efecto Pigmalión. Se da cuando se presenta una situación que es parecida a otra que ya te ocurrió en el pasado y crees que te va a volver a suceder lo mismo. Lo que sucede aquí es que te auto-hipnotizas sin darte cuenta. La consecuencia de este tipo de discurso interior, generado por el miedo del ego, es que llegas a creerlo tan firmemente, que terminas respondiendo a los hechos que te suceden de la misma forma que en la otra ocasión. Por lo tanto provocas la misma situación de manera automática.

Eres tú el que provoca que se produzcan los mismos resultados que en la otra ocasión y, por lo tanto, vuelves a reafirmar esa idea que tenías. Es como un círculo vicioso, pero la realidad es que cada momento es distinto, cada situación es nueva, por mucho que se parezca al pasado. Incluso tú mismo eres otro, eres diferente porque has evolucionado desde aquél acontecimiento. Tienes la capacidad de aprender y de crecer, de responder de forma diferente a como lo hiciste en aquél momento, cada día eres una persona nueva.

Observa tu lenguaje, ¿utilizas a menudo términos como: todo, nada, siempre, jamás, nunca,...?

...

¿En qué áreas, contextos o circunstancias?

____

____

____

____

Estos términos son absolutos y están influyendo en la percepción de tu realidad, no son fieles a ésta porque generalizan y establecen normas absolutas, por ende, falsas.

Lo que crees en tu mente lo creas en tu vida, te guste o no, creas en ella o no. Pensar lo contrario sería como tirarse de un décimo piso pensando que vas a volar porque no crees que exista la ley de la gravedad.

¿Ves la arrogancia del ego?

...

Decía Einstein que era más fácil desactivar la bomba atómica que una creencia. Nada más cerca de la realidad.

...

El poder de influencia que tienes sobre las situaciones es altísimo, si eres consciente de utilizarlo en positivo, tus resultados serán asombrosos. Por lo tanto, revisa qué expectativas tienes sobre los demás y sobre ti mismo. Ojo con los juicios y creencias, pues puedes estar perdiéndote algo muy bueno que pasa por delante de tus ojos a causa de tener una expectativa negativa sobre ello. Observa dónde y de qué manera pones el "foco" y atrévete a cambiarlo en positivo, experimentarás nuevos resultados.

La profecía autocumplida también se da para contigo mismo, no sólo para los demás. Aquello que piensas que eres capaz de ser, hacer o tener lo harás realidad tú mismo, así de simple. No importa si no tienes los recursos, si no estás en el lugar adecuado, si no tienes los conocimientos o cualquier excusa con la que otro pretenda interferirte. Si tú tienes la creencia de que eres capaz, lo conseguirás porque la fe mueve montañas. La mente consciente e inconsciente se alinea para conducirte hasta la meta.

Es la mente con el conjunto de creencias que tiene la que te lleva a conseguir o a perder algo, independientemente de tus capacidades reales. Si posees la creencia de que eres capaz de trascender una situación, el mecanismo que se dispara en el SAR no es ni más ni menos que la apertura a la percepción del camino hacia ese lugar, paso a paso, ofreciéndote la capacidad de ver las herramientas que necesitas a cada momento. ¿Cuándo? En el presente, en el aquí y ahora, mediante la atención dirigida a lo que ya existe dentro de tu sistema de activación reticular.

El concepto de creencia es algo que se repite a lo largo de esta trilogía. Recuerda que las creencias son afirmaciones y constructos que tenemos en nuestra mente sobre algo, les atribuimos completa certidumbre, es decir, a no ser que las detectemos y las trabajemos, son ciertas e indiscutibles para nosotros. Por descontado, y como ya has podido comprobar, construyen la propia realidad.

Las creencias potenciadoras son aquellas que facilitan tu camino o te ayudan a "fluir" al lugar que deseas en cada área vital. Te ayudan a ver los pasos a elegir a lo largo del camino y te ofrecen sostén en momentos de incertidumbre.

Las creencias limitantes son aquellas que interfieren en tu camino, impidiéndote conseguir aquello que deseas, interfiriendo en tu SAR, bien a nivel perceptivo, de merecimiento o saboteándote en el último momento.

Cuando trabajas en ellas, puedes sentir diversas emociones encontradas. Por ejemplo, enfado. El apego a una creencia limitante puede ser lo que te separe de tu éxito. Sé plenamente consciente de las **emociones** que aparecen a lo largo de este ejercicio, anótalas y compártelas si fuese necesario. Las emociones son lo que te ayuda a esclarecer creencias inconscientes encontradas.

Primero anota de nuevo qué es éxito para ti y aquella meta o deseo relacionado con él:

____

____

____

A continuación escribe todo lo que se te ocurra tras el siguiente sintagma:

El éxito es

____

____

____

____

____

____

Para tener éxito hay que

Yo debería

Yo nunca

____

____

____

Yo siempre

____

____

____

____

____

Yo tengo que

____

____

____

____

____

Ahora frena, para y baja a tierra. Quiero que tomes conciencia de las consecuencias que ha traído a tu vida todo lo anterior. Con este ejercicio no quiero hacerte sentir mal, todo lo contrario, es para que tomes conciencia de manera objetiva de qué escenario ha traído a tu vida regir tu comportamiento según tus "tengo qué/debo de".

Para hacerlo puedes acotar a un área concreta, la del éxito es la que estás trabajando, aprovéchala. Es aconsejable que también aproveches para estudiar otras áreas vitales que consideres importantes en este momento.

No entres en sentimientos ni emociones, para ayudarte de verdad tienes que bajar a tierra. Mirar lo que sucede debajo de tus pies, olvidarte de toxicidad energética o sentimientos encontrados, cíñete a los hechos medibles y objetivos. Darte cuenta de cuál es la consecuencia de hacer desde el "deber de" según tu mapa mental.

¿Hacia qué realidad te han llevado las acciones motivadas desde el "debo de/tengo que"?

Reflexiona y escríbelas

Recuerda que ya viste en "Fortaleza Espiritual", el primer libro de la trilogía, la importancia de vivir en coherencia entre pensar, sentir y actuar. Este alineamiento permite la armonización entre energía, acto y pensamiento, lo cual facilita el camino a la meta deseada por ti.

Tus auténticos sentimientos son tu brújula, lo que sientes de verdad te permite vivir en tu honestidad interior. Los sentimientos no permiten el error, no son equívocos. Los sentimientos son los que son.

¿Te permites vivirlos?

...

Conectar con tus auténticos sentimientos te permite conectar con la vida, ordenar tu mente, aclarar tu pensamiento y facilitar tu camino. Los sentimientos son la energía que te mueve hacia un lugar o te aleja de otro. Saber qué es lo que sientes de verdad te ayuda a conocerte en profundidad, dejarte de autoengaños que sólo te alejan de tu verdadera esencia.

Tu mayor miedo no es fracasar, sino triunfar, conectar con tu propia luz, con tus auténticos sentimientos. Eres capaz de conseguir lo que quieras, lo que te propongas está a tu alcance, no permitas que las heridas del alma vuelvan como fantasmas que ya pasaron. Sánalas y pasa página.

En el momento en que liberas la energía que sobra, se abre campo mental a nuevas realidades, se libera espacio que permite ser llenado por un contenido mejor para ti. La toxicidad emocional es lo que impide fluir a una nueva vida, además, alimenta las proyecciones e incrementa tu subjetividad ante los hechos que percibes.

Lee detenidamente y reflexiona en profundidad sobre ello.

...

Las emociones son energía en movimiento por el cuerpo. Las heridas no sanadas son emociones tóxicas que ocupan un espacio innecesario dentro de ti. Al ser reprimidas ejercen de filtro perceptivo ante los hechos que acontecen en tu vida cotidiana. Cuando son curados y cicatrizados, esa energía se libera y el filtro desaparece, lo cual ayuda a bajar a tierra conectando con mayores niveles de objetividad de los hechos que tienes delante.

Todo lo que contiene tu SAR conecta para darle forma al escenario que tienes delante. Todo lo que no tienes en tu SAR no se proyecta fuera.

"Puedes tener delante de ti el mejor de los tesoros para tu felicidad pero si tu sistema de activación reticular no contempla su existencia, no podrás verlo aunque te ciegue su brillo"

Ana de Juan

2. Desenmascarando tu Ego

Ya te has dado cuenta que a tu ego le encanta establecer planes rígidos sobre cómo ha de conseguirse algo. Su lema se basa en los "tengo que/debo de". Piensa si es tu caso y reflexiona sobre dónde te ha llevado pensar así. Es decir, ¿has conseguido lo que querías en función de las indicaciones de tu ego?

____

____

____

____

____

____

¿Esos supuestos "debería" que has realizado a rajatabla, hacia qué destino real te han llevado?

____

____

____

____

____

____

¿Cada uno de esos fines es el destino al que inicialmente querías llegar?

____

Reflexiona sobre esta última respuesta, pues se trata de una toma de conciencia de la que puedes sacar importantes conclusiones si esa reflexión se fundamenta en el no juicio. En una observación de ti mismo desde el más puro amor. Anota lo que consideres más importante pero, para ello, tómate tu tiempo, cierra los ojos por unos minutos...

...

El ego opera desde la más estricta rigidez de pensamiento, desde el cómo "deberían" ser las cosas, no desde como las cosas son en realidad.

La mente egoica parlotea constantemente, repite lo que ya ha aprendido, es decir, el sistema de información que contiene la memoria. Cree que está en lo cierto y que no necesita nuevos estímulos para crear nuevas realidades. La mente condicionada es esa que dice "cómo deben hacerse las cosas" no atiende a razones, considera que su forma de hacer las cosas es la correcta y que no existe otra manera de hacerlo.

Ahora vas a comprender a fondo cómo funciona la mente egoica:

Imagina dentro de un bosque, una vieja senda por la que han pasado miles y miles de personas. Un camino creado que, en su día, fue inexistente y que poco a poco ha sido creado como consecuencia del uso del mismo. Personas transitándolo día a día, en diferentes momentos, paso a paso, todo un recorrido forjado desde la nada hasta crear un bello surco por donde caminar.

Esa senda es el resultado de una costumbre, un recorrido que ha sido utilizado muchas veces durante mucho tiempo. El resultado es una trayectoria concreta, ni buena ni mala, sino la que es.

Ahora bien, la mente humana funciona exactamente igual que esta senda que acabamos de visualizar. Nuestra psique funciona por estructuras, podríamos decir que cada una de esas estructuras es como la suma de todos los recorridos o sendas posibles en ese bosque. Son rutas potenciales de pensamiento o caminos potenciales a recorrer.

Durante nuestros procesos educativos, esas estructuras son estimuladas, creando sendas concretas para muy diversas formas de actuar. Cada estructura es alimentada mediante la repetición o el alto impacto emocional,

¿Te suena?

...

Exacto, cada una de esas nuevas sendas de pensamiento forman las creencias y cada grupo de creencias forman los paradigmas. Éstos son conjuntos de ideas que constituyen formas concretas de pensar.

Cuando realizas ejercicios de creencias, lo que haces en tu mente es alimentar nuevas rutas de pensamiento. Esas sendas en potencia comienzan a utilizarse hasta que un día comienzan a verse como auténticas sendas por las que se puede caminar. Rutas de pensamiento de inicio a fin. La mente desarrolla otras rutas para llegar a nuevos destinos; éste es el auténtico cambio de creencias visto desde la neurociencia. A nivel biológico se van creando nuevas conexiones neuronales. Así es como la programación neurolingüística ejerce mejoras en la vida de las personas.

A mayor rigidez mental, mayor apego a la ruta neurológica, por ende, mayor apego a la creencia de turno. El cerebro es plástico, flexible,

¿Para qué insistes en tener razón sobre algo que te daña?

...

¿No crees que es mucho más práctico abrir la mente a la posibilidad de que las cosas pueden hacerse de un modo mucho más positivo y ergonómico para ti?

...

La mente humana es brillante, el ego es el hueso duro de roer. Cuando trabajas en tus creencias limitantes y comienzas a poner en práctica las potenciadoras que las sustituyen, estás creando literalmente una nueva realidad en tu vida a través de una nueva ruta mental, te haces un favor a ti mismo ayudándote con tu progreso y avance vital.

Las heridas emocionales duelen, las creencias que forjaste a partir de ahí fueron rígidas, generando muros de conducta que te impiden caminar hacia otras rutas alternativas. Comprende que esa rigidez es el apego al dolor y la ira generada en el suceso. La ruta de pensamiento es la forma de pensar y su consecuente forma de actuar que se generó a partir de entonces.

Ahora bien, cuando haces correctamente tus ejercicios de creencias, se crea una nueva ruta. Eso no significa que desaparezca la anterior, sino que has creado una nueva y, como tal, tendrá que ser utilizada constantemente para que pueda generarse un nuevo patrón de pensamiento lo suficientemente sólido como para que fluya de manera natural.

¿Cuántos años tienes?

———————————————————————————————

¿Desde cuándo piensas y actúas de ese modo que quieres cambiar?

———————————————————————————————

Haz la resta y obtendrás los años de uso de esa ruta que rechazas.

Durante el transcurso de la lectura de esta trilogía has trabajado diferentes ejercicios de creencias. Has creado nuevas conexiones neuronales, algunas incluso en este preciso momento, con lo cual,

¿Cuánto tiempo crees que necesitarás ejercitarlas?

...

Un atleta no gana medallas por entrenar un solo fin de semana, un culturista no desarrolla sus músculos por entrenar un solo mes, incluso un bebé no se hace de manera instantánea, necesita nueve meses de gestación. Por lo tanto, una nueva creencia necesita ser ejercitada, una y otra vez, puesta en marcha, trabajada. No basta con cambiarlas y ya, sino que necesita ser puesta en práctica. Recuerda la profundidad del surco creado por la creencia limitante, sí es muy cómodo seguir el patrón pero por la inercia del pensamiento y la conducta.

Rompe esa inercia y oblígate a trabajar la nueva creencia, haz un trabajo consciente y no desesperes. Recuerda que en un bosque también llueve y cuando aparecen las lluvias torrenciales llenan enseguida los surcos más profundos.

Las lluvias, como metáfora de las emociones, inundan de golpe las acequias más transitadas. Eso no quiere decir que las nuevas rutas hayan desaparecido, sino que necesitan ser más transitadas hasta que la profundidad permita que el hábito se convierta en una realidad.

Quiero que seas muy consciente de esto, sé que eres una persona que trabaja mucho en sí misma y que llevas un gran recorrido en este punto de la trilogía. Sé que tienes ganas de despegar soltando lastres, por eso siempre que venga un chaparrón, recuerda que tu nueva ruta de pensamiento está creada, sólo que una lluvia torrencial ha desbordado el mapa mental temporalmente. Vuelve poco a poco a respirar en profundidad, a llenar tus pulmones, a reconducir tus pensamientos por el nuevo camino, más saludable y beneficioso para ti.

Ahora crea nuevas realidades que te acerquen todavía más a tus metas y objetivos. Escribe todas las creencias potenciadoras que has detectado hasta ahora sobre esos "debería", una tras otra en vertical para que puedas verlas diferenciadas. No todo tiene que ser malo, seguramente tienes creencias del tipo "debo de" o "tengo que" que de alguna manera te han conducido a un destino que querías, o al menos, te han ayudado a lo largo de tus procesos vitales. Escríbelas todas, date la enhorabuena y felicítate por tenerlas!

____

____

____

____

____

Se trata de rutas de pensamiento que favorecen e impulsan tu vida, es importante que te lo hagas saber y te lo reconozcas.

...

A continuación escribe todas las creencias limitantes que has detectado hasta ahora, una tras otra en vertical también para que puedas verlas mejor:

Es momento de hacerte algunas preguntas:

Tus "debería" y "tengo que" tienen sentido para ti en este momento, ¿se adaptan a tus necesidades y realidad actual?, ¿Te ayudan?, ¿De qué manera?

____

____

____

¿Tus "debería" y "tengo que" son tuyos originalmente o son creencias que alguien tenía, que te enseñó a ti o que tú copiaste?

Reflexiona bien y responde de manera objetiva.

____

____

____

____

____

____

Ahora vas a enfrentarte a una pregunta: ¿Estos deberías entran dentro de lo que tú quieres hacer o es en función de lo que quieren los demás?

Reflexiona y responde lo más objetivamente posible.

____

____

____

____

____

____

Tomar conciencia de estas últimas respuestas te puede abrir un abanico a nuevas realidades. No pases a realizar el siguiente ejercicio hasta que hayas reflexionado lo suficiente. La honestidad es la base de tu éxito. Son los pilares internos sobre los que se apoya toda tu vida y, por ende, tu éxito deseado. Todas esas creencias que has detectado y que no son tuyas, te vinculan de alguna manera con esa persona que te la enseñó. Piensa si intentas complacer a alguien, si deseas que alguien te vea, o llegar emocionalmente a alguien que es inalcanzable.

3. Autoconciencia

La autoconciencia no es ni más ni menos que la capacidad que tienes para verte a ti mismo, es tu dimensión consciente sobre tu existencia, ocupando un espacio centrado en tu vida que te facilita realizar movimientos desde un lugar de poder.

Una persona autoconsciente es una persona que tiene conciencia de sí misma, del lugar que ocupa en su vida y en el mundo. Es además, consciente de sus reacciones para con los demás, es capaz de verse a sí misma y modera su conducta cuando considera que así lo requiere la situación. Se respeta a sí misma y a los demás, tiene en cuenta las consecuencias de sus actos. Es capaz de dimensionarse desde cada una de sus facetas. Digamos que es una persona emocionalmente consciente y madura.

Este apartado es muy importante de cara a la consecución de metas y objetivos. De hecho diversos estudios científicos avalan la correlación existente entre altos niveles de autoestima y consecución de objetivos personales y/o profesionales .

Cuando la persona se encuentra centrada en sí misma, nada se le pone por delante, sus creencias le ayudan e impulsan a conseguir nuevos retos de manera constante. Reflexiona sobre tu autoestima, sobre lo que motiva tu conducta, date cuenta de algo fundamental:

¿Te ves a ti mismo?

Ser visto por uno mismo es un ejercicio autoconsciente muy valioso que ayuda a la persona a darse cuenta de muchas cosas sobre sí misma; a su vez, el tomar conciencia de tus puntos menos claros te ayuda a ser más autoconsciente de ti mismo y, por ende, a llevar vida con una autoestima cada vez más saneada.

La persona que no vive desde sí misma, generalmente hace las cosas con el fin de ser visto por otra persona. Por lo común, por el padre o por la madre. Se trata de una persona que vive desde las emociones de otro de manera inconsciente. Satisfaciendo los deseos y anhelos de otra persona de manera automática. Esto le provoca sentirse perdido, sólo y no visto pero esto no es cierto, sólo existe una identificación errónea con alguien externo. Las fuertes heridas del alma es lo que provocan. Si te sientes de esta manera, no te preocupes, todo tiene arreglo. Lo más importante es decirte la verdad a cada momento, dejar de autoengañarte con paños calientes que esconden un dolor no resuelto.

Esta trilogía es una gran oportunidad para dejar ese autoengaño, abrir los ojos y comenzar a vivir de un modo más autoconsciente.

Los seres humanos no siempre nos vemos, a veces sí y otras no; en ocasiones, dependiendo de las áreas o partes de la personalidad, unas son vistas (las que se viven como partes aceptables por la persona) y otras no lo son (las que la persona rechaza por considerarlas como inaceptables). En este último caso, la represión se hace tan intensa porque no es aceptada. La persona actúa severamente contra sí misma, es rígida, intransigente consigo misma; muestra de que hay algo dentro de sí misma que no acepta.

El perdón es la clave de toda aceptación que favorece el fluir de la vida. Mientras tanto recorre tu camino lo mejor que puedas. Sólo recuerda algo:

Si tú no te ves a ti mismo, harás intentos constantes para que otro te vea

Esto implica pensar, decir y hacer como supones que otra persona quiere.

¿Por qué?

Por amor, ni más ni menos. No hace falta ser un niño pequeño de 6 años, sólo tienes que irte a los bares o salir a la calle para darte cuenta de los egos dañados que operan a través de personas entradas en años.

En este momento quiero que hagas un ejercicio de auto honestidad para contigo mismo. Deja fluir las respuestas con sus sensaciones correspondientes. Conecta con tu cuerpo y no entres en tu mente, que tus respuestas sean dadas desde la corporalidad, serán más fieles a la realidad de los hechos.

¿Por quién quieres ser visto?

____

¿A quién intentas complacer constantemente?

____

¿De qué manera?

____

¿Cuántas de esas cosas que haces harías si esa persona no existiese?

____

....

La respuesta invita a reflexionar, puedes darte cuenta de un gran descubrimiento, permítete incrementar tu nivel de autoconciencia personal.

Te invito a que hagas un giro de 180 grados y te veas a ti mismo, que comiences a mirarte a ver tus emociones, deseos, necesidades, date cuenta de que a la única persona que has de complacer es a ti mismo y a nadie más. Por más que quieras cambiar a esa persona por la que deseas ser visto, sólo vas a conseguir frustrarte. El cambio comienza en lo más profundo de uno mismo, en el fondo del mar de tu personalidad. La conciencia es la luz que permite ver el camino de salida del patrón.

Ten en cuenta que querer ser visto por otra persona trae consigo la autoanulación de tu propia voluntad siempre que tus creencias y las de esa persona no estén en sintonía.

La necesidad de que te vea te hace comportarte conforme esperas que esa persona quiera. Esperando que, de ese modo, recibas de esa persona el amor que no sabes darte a ti mismo.

...

A continuación vas a ir a esa hoja donde has anotado todas tus creencias limitantes y vas a comenzar por las que consideres que interfieren en mayor medida. Ya conoces algunos ejercicios de cambio de creencias, en este momento se trata de trabajar la creencia de otro modo. Para ello, es indispensable ablandar para transformar y para cambiar la creencia. Una a una de manera consciente. Coge la primera y trabájala hasta el final, hazlo así sucesivamente:

Creencia:

____

-¿Qué consecuencias reales tiene para mí pensar así en mi vida?

____

____

____

____

____

____

____

-¿Qué consecuencias podría tener en el futuro?

____

¿Y en el camino hacia mi meta?

____

-¿Cómo es de real esta creencia?

____

¿Tengo argumentos reales que lo prueben?, ¿Cuáles?

En este caso tu respuesta ha de ser científica, objetiva, medible, la prueba que un juez daría como válida en un juicio. No tienen cabida especulaciones o creencias porque volvemos al imaginario mental.

Se trata de una prueba veraz y demostrable con hechos, no palabras. Argumentos sólidos. A continuación escribe esas pruebas medibles que te llevan a pensar que la creencia es cierta:

____

-En caso de que sea una creencia transmitida por otra persona. ¿Es esa persona el modelo que quieres seguir en tu caso?

____

¿Esa persona ha obtenido los mismos resultados que tú quieres?

____

¿Qué resultados ha obtenido esa persona en su vida?

____

Reflexiona sobre las últimas respuestas. En muchas ocasiones, realizas comportamientos repetitivos sin cuestionar de dónde los aprendiste, cómo o de quién. Ahora ya sabes un poco más obre ti mismo, ampliar tu nivel de autoconocimiento es ampliar tu nivel de autodominio.

"Cuando te conoces a ti mismo eres poderoso. Cuando te aceptas a ti mismo eres invencible"

Una vez que hayas trabajado a fondo cada creencia limitante del modo en que acabas de aprender, es momento de que realices el cambio de creencias. Ten en cuenta que existe un paso previo a la trascendencia de las cosas y que éste parte de la aceptación. Los cambios milagrosos se dan cuando aceptamos lo que es no lo que se supone que debería ser; cuando la realidad de las cosas es vista y aceptada, entonces se pueden cambiar.

Hay cosas que cuestan más de aceptar que otras, no pretendas ser una máquina del cambio, simplemente aprende durante el proceso. Sé paciente, ayúdate a ti mismo, si hay algún límite que te impide aceptar algo que tu ego se resiste a aceptar, te vendrá bien utilizar alguna de estas fórmulas:

"Me doy permiso para aceptar esta situación"

"Me abro a aceptar y a dejar ir esta creencia"

Veamos un ejemplo: imagina que has descubierto la creencia "Nunca conseguiré mis metas porque no las merezco". Imagina que te has dado cuenta de que es tan profunda que no puedes dejarla ir, de hecho consideras que es una auténtica realidad aunque no tengas pruebas que lo validen. A veces las creencias están tan arraigadas que no son cuestionadas, sino sentidas en las entrañas.

Imagina que esto es así, que está grabada en el fondo de tu corazón. Cuando escribes la fórmula "Me abro a aceptar x situación", no se trata de que aceptes eso como verdad, sino que aceptas que tienes esa creencia. Lee a continuación:

"Me doy permiso para aceptar que tengo una creencia limitante que me dice que no merezco mis metas y que no las conseguiré"

"Me abro a aceptar que tengo la creencia de que no merezco mis metas y la dejo ir"

¿Sientes el cambio emocional que se produce en tu interior al trabajar de este modo la creencia?

...

Conecta con ese alivio sintomático en el que has entrado, siente el espacio que se ha creado dentro de ti. Has distanciado la creencia limitante con el fin de alquimizarla. Permítete sentir la sensación de que ablandas, sueltas, alejas la creencia. Es una sensación muy gratificante que favorece el cambio de paradigmas.

Escribe con estas fórmulas todas las creencias que necesites trabajar.

____

____

____

____

____

____

Siente el espacio que has creado para el cambio, conecta con el permitirte trascender. Es momento de que seas consciente de que mereces ser feliz, que ya no importa tanto tener razón. Madurar implica hacerse consciente de que la vida está plagada de matices y de que las cosas no son blancas o negras. El pensamiento polarizado caracteriza a las personas que viven en un estado de conciencia más bajito, de manera instintiva y en la supervivencia. Pero tú ya eres alguien grande que merece permitirse crecer. Si has trabajado en profundidad esta saga, lo has podido comprobar por tu propia experiencia.

Después del paso previo que has realizado para ablandar las creencias, sólo tienes que escribir una creencia potenciadora sustitutiva por cada unas de las limitantes. Se trata de establecer nuevas rutas que te ayuden mucho más en el camino hacia tu éxito mientras desbancas a la/s anterior/es que te limitan la vida.

Ahora escribe esos nuevos paradigmas. Enumera las creencias potenciadoras en el mismo orden que escribiste las limitantes, sustitúyelas por las correspondientes en positivo, plasmando la auténtica verdad, esa que te aporta paz y luz:

____

____

____

____

____

____

____

A continuación escribe todos los argumentos válidos que se te ocurran para reforzar y grabar cada una de esas creencias. Es decir, escribe por qué son verdad y qué las convierte en realidad, qué te ayuda a imprimir en tu mente la nueva ruta de la creencia potenciadora. Este ejercicio es muy importante porque uno de los principales mecanismos de la mente es racionalizar todo lo que cree…

¿Para qué?

Para grabar más a fondo cada paradigma. Se trata de una operativa mental que alimenta el control del ego para generar un sentimiento de falsa seguridad que alimenta la creencia de que se tiene todo bajo control y, en añadido, que se tiene la razón, algo que le encanta al ego. Por lo tanto, ya que la mente utiliza este tipo de estructuras, aprovecha el mecanismo a tu favor, crea razones para confirmar tus potencialidades.

Racionaliza tu éxito!

Sé astuto, aplica tus ralladuras de cabeza en positivo, aprovecha el automatismo mental y cambia la inercia de la mente para salir del bucle en el que has entrado.

Para tener mayor claridad utiliza un orden de ideas lógico, creíble, sé lo más verosímil que puedas. Utiliza argumentos sólidos, si puedes hechos reales que puedan contrastar tu creencia. Al fin y al cabo, las ideas que creó tu mente para sabotearte son falsas, sólo que te las creíste de tanto repetirlas y las hiciste realidad actuando en consecuencia. Déjalas ir y dales la vuelta, te mereces un cambio real, ahora comienza tu vida de verdad.

Puedes ver cómo se hace a través del siguiente ejemplo:

Creencia limitante: "No valgo nada"

Creencia potenciadora: "Soy una persona valiosa"

Argumentos creencia potenciadora:

Soy valiosa porque mi valor se encuentra dentro de mí, por el simple hecho de existir. Merezco saberlo y me doy permiso para transmitirlo a los demás. A lo largo de mi vida he salido adelante en muchas ocasiones (anotar todas esas ocasiones). Además, he tenido muchos logros personales (anotar esos logros). Mi valor, como el valor de todo ser humano es inmensurable y se encuentra en mi interior. Me permito conectar con él en todo momento porque tengo esa capacidad.

Cuando realices este ejercicio expláyate en tus respiraciones conscientes, cierra los ojos y permítete rememorar cada situación vital que te ayude a racionalizar la creencia. Recuerda que tu mente ha creado un discurso negativo, no porque sea cierto, sino porque para ella ha sido lo más cómodo. Ahora tienes que hacer tus ejercicios conscientes, cuando hagas el esfuerzo por recordar esos momentos o cualidades positivas, te darás cuenta que están ahí, de que existen. Darás con ellas y esto tiene que servirte para tomar conciencia de que la mente ha optado por la opción más fácil para ella en ese momento, no por la verdadera. Utiliza las líneas posteriores para modelar con este ejemplo tu propia vida. Inicia la transformación de una de tus creencias limitantes y racionaliza la potenciadora con argumentos propios, veraces y auténticos. Búscalos que existen, hay muchos más de los que crees!

____

____

____

____

____

____

Sigue pensando, no lo dejes, sumérgete en las profundidades de la creencia potenciadora y continúa escribiendo argumentos que la refuercen, racionaliza sin parar. La mente sólo necesita creer nuevos argumentos para hacer realidad la nueva creencia, independientemente de si ésta es limitante o potenciadora. Si necesitas más folios para escribir cógelos, trabaja todas tus creencias, sigue generando y creando nuevos argumentos, enlaza unos con otros, inventa, no te cortes, la mente se inventa todo lo que quiere para tener razón sobre lo que considera que ha de tener razón; independientemente de que sea verdad o no lo sea. Escribe hasta que agotes la tinta de tu bolígrafo, hasta que se acabe la mina de tu lápiz. No te pares ahora...

Coge las hojas que necesites, date permiso para fluir con tu verdadera esencia, genera esa auténtica realidad que coexiste contigo. Escribe hasta que se te olviden tus creencias limitantes, genera nuevas ideas, nuevas formas de pensar, pliega las hojas e inclúyelas en esta parte del libro. Recurre a ellas cada vez que lo necesites. De hecho te recomiendo que lo hagas de vez en cuando para que tu vibración suba al nivel que merece.

...

Ten algo claro: cuando la mente se sumerge pensando en el mismo tema, en este caso potenciador, alimentas la nueva ruta de pensamiento, este mecanismo te ayuda a comenzar a crear nuevas realidades acordes con las ideas mentales que ocupan tus conexiones en ese momento. Con lo cual, a mayor dedicación a las creencias potenciadoras, mayor espacio psicológico a tu potencial.

Aprovecha y cambia tu vida!

Ya sabes que las creencias están formadas por rutas de pensamiento y que la repetición es lo que ha creado esos surcos reiterativos. Ya sabes de sobra cómo puedes ayudarte.

Las creencias se generan por repetición y por alto impacto emocional. Una vez creada, el mecanismo que más le gusta a la mente es la racionalización en círculo de cada creencia, busca y retroalimenta los argumentos que confirman dicha creencia. No hace falta que te recuerde que las ideas negativas son las más suculentas para el ego. Has pasado una vida entera de automachaque,

¿Por qué no pasar una siguiente etapa de autoamor?

...

Sé consciente de escribir las creencias potenciadoras a modo repetitivo, escribir cada día nuevos argumentos, ampliar esos folios que aquí guardaste, así como adentrarte en las emociones que de ellas se evoquen; este ejercicio te ayudará a fijar tu nueva ruta mental.

La conexión con las emociones adecuadas es la piedra filosofal del cambio. No importa qué pienses, no importa qué creas, lo que verdaderamente te lleva a la acción correcta es la emoción correcta.

Ahora siente cómo está tu cuerpo, conecta con tus emociones, graba la imagen emocional en tu área sensorial.

Respira, cierra los ojos, conéctate con la vida, con tu espacio interior. Llénate de prana y de amor. Abre los pulmones a la nueva situación. Date por fin el permiso de ser feliz, de sentirte merecedor, de saber que tu vida está llena de oportunidades que se abren ante ti.

Saca tu poder interior! Ábrete a la emoción del amor!

...

Ejercicio Extra:

Deléitate con las sensaciones corporales que te provoca la conexión con tu poder interior. Integra en cada célula de tu cuerpo el bienestar que te provoca. Llénate de alta vibración. Y como ejercicio extra, te sugiero aprovechar tu situación emocional para realizar un mural de corcho específico para ti donde plasmes tu deseo a modo de mapa conceptual. Se trata de una especie de colash, utiliza dibujos realizados por ti, palabras, imágenes recortadas, puedes utilizar revistas antiguas, recortables, periódicos y todo tipo de imágenes visuales de prensa.

Conviértete una tarde en artífice de tus creaciones, conviértete en un artista. Pon todo lo necesario para reforzar tus nuevas creencias en ese colash, te puede ayudar crear diferentes secciones o apartados en el mural. Por ejemplo, dividirlo por áreas: área personal, área profesional, área familiar, ocio, salud, negocios, etc.

De este modo te garantizas espacios personales para cada una de tus secciones y una visualización de objetivos clara y directa de todos los apartados correspondientes a cada área vital.

Una vez que lo tengas elaborado y colócalo en un lugar visible en el que lo veas a menudo. Por ejemplo, en tu dormitorio, enfrente de tu cama. De este modo tu mente lo refrescará de manera continua e intermitente, grabando en el subconsciente el nuevo mapa vital.

Como segundo ejercicio extra, te recomiendo conectar con las emociones potenciadoras de manera constante. Para ello, además de visualizar el colash a menudo, puedes utilizar la alarma de tu móvil como una herramienta de anclaje emocional para reforzar las nuevas creencias.

Abre la alarma y escríbete una creencia potenciadora sobre tu persona, haz que suene cada hora o cada dos, dependiendo de tus circunstancias vitales. De este modo, aparecerá la creencia potenciadora escrita en tu teléfono cada vez que suene tu alarma. Este simple ejercicio favorece la reprogramación inconsciente de tus creencias, convirtiéndose en potenciadoras aquellas que no lo eran impactando tu mente con la nueva creencia. La lectura de lo escrito se va grabando en tu interior, no sólo a nivel mental sino también emocional.

Éste sólo es uno de los numerosos recursos que hay para utilizar, pon en marcha tu mente creativa y ponte manos a la obra generando ideas que te ayuden a llegar a un siguiente nivel.

La vida es energía y ésta ni se crea ni se destruye, sólo se transforma. Las emociones son lo que genera el movimiento y nos hace conectar con el placer más sublime, el dolor más insoportable, la ira más destructiva o la tristeza profunda que impide crecer ejerciendo de losa. No son los acontecimientos en sí, sino las emociones que de ellos generamos a través de nuestros pensamientos.

Continúa tu aprendizaje profundizando en nuevos niveles de pensamiento más acordes a tu bienestar. Aprovecha el siguiente apartado para sumergirte en la sintonía de la vida, es un auténtico regalo...

4. Trasciende el laberinto: el amor, la llave maestra

Acabas de recibir valiosos recursos y estrategias para dominar al ego; ahora llega el momento de zambullirte en tu SER esencial. Abracémoslo!

Antes has aplicado conocimientos para cambiar y mejorar, ahora vamos a pasar de nivel, entrarás en un estado superior de conciencia. Antes se te han dado las maderas para cruzar el río, ahora eres el río y las maderas, lo eres todo.

Ahora eres amor infinito...

Lee detenidamente este apartado, su contenido destila consciencia, paz y trascendencia. Su objetivo es ayudarte más allá de todo análisis. Hasta este momento has podido abrir tu mente, entender nuevos conceptos, has hecho un ejercicio de auto conciencia y comprendido mucho más de ti de lo que sabías, también entiendes el mundo algo mejor que cuando comenzaste la lectura.

Sin embargo, a partir de aquí es cuando verdaderamente tienes que poner lo aprendido en marcha, tu hemisferio derecho al servicio de tu bienestar y éxito personal. Puede ser que haya momentos en que juzgues o etiquetes, suelta si verdaderamente deseas integrar el contenido de lo que lees, podrás hacerlo tomando conciencia de ello, sorprendiéndote con intentos por encajar lo que no puede ser retenido, etiquetar como "lógico" aquello que no lo es o dar por hecho contenido sin saber leer entre líneas.

Insisto, ahora es cuando vas a comprobar en qué estado se encuentra tu cerebro emocional, tu hemisferio derecho. Ejercicio que no se hace con el izquierdo, ni con la lógica, ni con nada de lo aprendido intelectualmente hasta ahora.

La cognición es al amor como una ola al océano.

Ana de Juan

El amor es la respuesta a la sanación de toda herida, entendido desde la amplitud extensiva de la palabra, es decir, de forma incondicional. El amor incondicional a uno mismo es el único requisito para amar incondicionalmente a los demás y el amor a uno mismo sólo es posible cuando se conoce bien uno a sí mismo, cuando se abre con humildad a amar al asesino que lleva dentro, a ese sujeto vestido de negro; cuando te abres a amarlo al igual que amas al angelito de luz. Esto es posible cuando trasciendes toda herida, todo juicio y abrazas lo que ES.

Ámate a ti mismo de manera incondicional, te lo debes, te lo mereces. Deja la culpa y el castigo, los quebraderos de cabeza, céntrate en lo humano y esencial, ahí es donde aparecen los milagros. Cuando nos amamos a nosotros mismos de manera incondicional, vivimos en un estado de perdón y aceptación, de compasión, el día a día se transforma en comprensión plena, en un soltar constante, incluso en la comprensión liberadora de que todo no lo podemos comprender. Atrévete a bañarte en un estado de paz, ábrete a la rendición de tu SER. Sentir te hace libre, no necesitas nada más que sentir y vivir lo que tienes bajo tus pies.

Amar es atreverse a sentir y vivir lo que sucede bajo tus pies, el ego es el único que desea racionalizar todo cuanto acontece, el personaje con el que te identificas es tan pequeñito frente al SER de amor que eres en realidad que podría deshacerse en un momento como una gota de agua en alta mar. Es una pieza prescindible que constriñe tu existencia pero al que te agarras como un clavo ardiendo por miedo a sacar tu auténtico poder.

El ego fragmenta la realidad, la etiqueta, le pone nombres y establece leyes universales, generaliza, excluye, opera desde el miedo e intenta defenderse de toda amenaza, creada por él, por supuesto. El amor abraza todo lo anterior y planea desde arriba, activando otro tipo de vivencias, proyectando su energía en cada cosa y persona sin juicio alguno. Es la energía que une lo separado, que empareja lo fragmentado y cierra lo imposible de acabar.

El amor es una sustancia que no hace distinciones, como el sol, cuya función es iluminar todo aquello que se le pone delante.

¿Te imaginas al sol quitando su luz a quien le apetece o excluyendo de sus cálidos rayos a un grupo, etnia, persona o cosa?

...

Esto es lo que sucedería si el sol tuviera ego y viviera desde sus heridas, como todo hijo de vecino. En cambio el sol hace lo que ha venido a hacer al universo: da luz y calor a todos. Es su esencia y su función, no elige a quién le da porque dar es su misión.

Vivir desde el amor es hacerlo como ese maravilloso sol que a todos nos alumbra. Encuentra tu esencia y ofrece lo que eres, tu vida irá bien.

...

Abrirte al amor es la tarea más noble que harás, también la más fácil, consiste en envolverte en esa luz, soltar los bloqueos y abrir tus brazos a la vida. A todo lo que acontece. Toda persona que ha sido capaz de trascender su ego vive con ventaja, en condiciones de fluidez constante, admira sin juzgar, comprende sin especular, observa sin encasillar. En un estado de aceptación de lo que es, de lo que somos, co-creando con lo que ve, actuando tras observar y sirviendo de instrumento para su bienestar y el de los demás.

En ocasiones puede costarte, puedes tener resistencias, castraciones que un día se hicieron en tu mente y que con los años pasaron al alma, rotos en tu historia emocional que se abren como un trozo de tela rasgado. Hay heridas que jamás llegan a cerrarse del todo, no importa, vive desde ahí y constrúyete una vida mejor. Utiliza, si hace falta, tu roto para hacer otro traje. O, mejor aún, llena ese hueco de amor, así no te harán falta más trajes nunca jamás.

Mira con admiración tus heridas, dales amor y compasión, mira lo que has conseguido hasta ahora y ofrécete a ti mismo todo lo que un día te faltó. Deja la queja a un lado, suelta el drama y agarra bien fuerte a tu niño interior. En pocas palabras, adáptate a tu esencia en vez de juzgarla. Lo que hagas apoyándote en ese escalón, será firme y sólido. Eleva tus niveles de conciencia a otro estado, puedes hacerlo cuando eres consciente de quien eres y de lo que tienes delante, así podrás continuar tu vida y construir algo sólido sólo con amor incondicional a ti mismo, con paciencia y compasión. Sabiendo que el camino no es lineal hacia arriba y que, igual que subimos, también bajamos, habrá días en que desees acostarte y otros de alegría constante. No importa si no los juzgas, todo es parte del camino. Vivir desde el SER es tener la certeza de que todo es para bien, vivir y actuar en consecuencia.

Permítete esos niveles de amor y comprensión a ti mismo, no te conformes con menos. Si así lo haces, podrás ofrecer eso mismo a los demás, el trabajo siempre comienza con uno mismo. Estar en paz interiormente es el inicio de toda buena relación con los demás. Amarnos a nosotros mismos, amar todo lo que somos, abrazándonos en la totalidad de nuestro SER. Ese amor es como un abrazo, como ver y aceptar todo aquello que vemos, así como lo que no queremos ver en nosotros. Aceptar y abrazar al SER que somos, al mismo tiempo que amamos y aceptamos las salidas de tono del ego.

Lo fácil es amar al angelito, lo complicado al demonio. Por eso rechazamos nuestras partes más oscuras. Todo el mundo quiere deshacerse de ellas y pocos son los que conocen el auténtico secreto. Te has preguntado, a caso, ¿cómo puedes deshacerte de esa parte oscura?, ¿cómo se mataría a un demonio pues?

...

Seguro que rechazándolo y con mucha ira es complicado, así lo alimentamos; mirando hacia otro lado tampoco ayuda. Lo que resistimos persiste, lo que aceptamos se transforma.

...

Exacto!

Al demonio se le extermina con amor, con mucho amor. Abrazándolo y dándole cariño sin juzgar, pues él se alimenta de ira, enfado, tristeza y negación. El amor lo disuelve por completo, al igual que la luz disuelve la oscuridad.

Normalmente, cuando queremos transformar partes de nosotros que no nos gustan, partimos del rechazo hacia ellas, creemos que así nos desharemos de ellas más rápido, nada más lejos de la realidad, a mayor grado de rechazo, mayores niveles de influencia y de sometimiento del punto "ciego".

Cuando tomamos conciencia de este mecanismo, podemos trascender la parte que rechazamos, ¿cómo? previo abrazo, amor y aceptación. Por descontado que todo ser humano tiene cosas que no quiere ver. En el transcurso de la vida encontrarás a personas que van "voladas", es decir, en su mapa mental, a la suya o "en primera", como suele decirse coloquialmente. Si entras dentro de este grupo te estás perdiendo la vida en aras de tu mente, viviendo desde los pensamientos, no desde los acontecimientos.

Operar desde el amor, se asemejaría mucho más a vivir desde el territorio, con la mente puesta en la tierra y el corazón en el sentir, es decir, viviendo desde la experiencia más que desde la creencia, desde el acontecimiento no desde la mente condicionada.

No se trata de ser más o menos realista, sino práctico. Viviendo desde el territorio nos ahorramos muchos calentamientos de cabeza generados por percepciones erróneas y conclusiones sesgadas. Eso que dices sobre el realismo parte de tus paradigmas mentales, sobre tu vida y sobre lo que defines como "realista", pero esta operativa sigue encasillada en tu mapa, ¿puedes verlo?

Ingenuo es aquél que se cree realista porque vivirá en su mentira y la defenderá hasta la muerte, como aquél preso loco que defiende los barrotes de su cárcel hasta que muere de apego a ellos. Cuánto agotamiento ofrece el ego.

...

La realidad de cada "personaje" en esta película que llamamos vida, dependerá del nivel de conciencia que posea y de su capacidad de moverse en la escala de emociones, es decir, su destreza en el desapego emocional. El nivel de conciencia de una persona está determinado por cómo calibra emocionalmente y de cuál es el contenido de su mapa mental, filtros que le hacen proyectar una u otra película. A menor calibre emocional, menor amor; el amor se alcanza subiendo de calibre a situaciones mucho mejores, tomando y soltando lo que trae la vida, sea bueno o malo y siguiendo hacia delante.

Suelta el miedo y abraza el amor, suelta la pena y abraza la alegría, es así de fácil. Inténtalo y lo comprobarás, hazlo sin pensar, suelta, ama, deja el control de lado, abre tus sentidos a la vida que tienes mucho por delante. Mira lo grande que eres, la inmensidad de tu SER, no hay límites salvo los de tu mente.

Unas personas viven con el terror a sus espaldas, otras, en cambio, se las ve felices y relajadas. No está bien ni mal, cada una de ellas es una realidad de las siete mil millones de personas que hay en el mundo. La realidad es como nuestra huella dactilar, hay tantas como personas.

Con suerte, el estado de conciencia se puede modificar si uno se construye a sí mismo, con ello conseguimos pasar de una peli de miedo a una de risa, a veces, con esto es más que suficiente. Sin embargo, la estrella en el paseo de la fama se la lleva el despertar del sueño, los títulos de crédito de la peli. Este tema es para los que ya han pasado por diferentes acontecimientos límite y que han hecho buen uso de ellos. La mente se entrena.

La masa gris es maleable, llévala al gimnasio

Ana de Juan

Vivir desde la experiencia o con los pies en la tierra es depositar la confianza en nosotros mismos, en nuestras raíces, no en los acontecimientos.

Un pájaro no tiene miedo de caer del árbol sobre el que se posa porque su confianza la deposita en sus alas, no en la rama.

Se trata de una frase que insisto en repetirte. Nosotros somos igual cuando funcionamos desde un estado de amor incondicional.

Dentro de ti se encuentra todo lo que buscas fuera, dentro de ti se encuentra el orden perfecto, llénate de luz y amor. Parte desde dentro, la aceptación es la mejor de las terapias y una de las más difíciles. Aceptar lo que es parte de un sentimiento de perdón abrumador. Sé que has pasado cosas malas en tu vida, que te han hecho daño, sé lo que has sufrido y por lo que has pasado. Todo eso te ha llevado a ser quien eres hoy, cuanto antes lo aceptes, antes volarás. Tu alma está deseando vivir y sentir, ser libre.

El perdón te libera, la aceptación te hace grande. Tú puedes!

El estado de sana estima construye nuestro arraigamiento a la tierra, a las raíces de nuestro árbol interior. Unas raíces bien arraigadas en la tierra nos ofrecen estabilidad, equilibrio, seguridad, amor y nutrición, imprescindibles para nuestro crecimiento. Recuerda:

La condición indispensable para que un ser vivo pueda crecer es tener seguridad sobre el suelo en el que se apoya.

Nadie puede crecer en un lugar donde no se siente seguro. Cuando no hemos perdonado, nos dañamos, dañamos nuestra alma, creamos situaciones para dolernos, para sentirnos culpables. Deja ya de hacerte daño, te mereces algo mejor, te mereces vivir con amor.

Sentir que pertenecemos nos ayuda a ser conscientes de que somos valiosos e importantes, de que pertenecemos a un grupo, a un lugar, a una especie, a un sistema, a un aquí y ahora. Deja de excluirte a ti mismo y date un lugar, el lugar que mereces. Unas raíces bien colocadas son el requisito imprescindible para sostener una copa bonita. Aquél que vive desde la ilusión de la mente evita el sentir de la tierra, conectando con la inseguridad del castillo de naipes sobre el tapete verde de la mesa de juego. Una persona con la conciencia bajo mínimos sería como un jugador que apuesta todo su dinero sin saber qué cartas le han tocado, está fuera de sí, es como un loco. En cambio, alguien que se tira un farol y lo apuesta todo con pésimas cartas, al menos, conoce las consecuencias de sus actos: puede perderlo todo pero también lo puede ganar. Lo sabe porque conoce sus cartas.

...

A menores niveles de conciencia, mayor necesidad de controlar todo, tenerlo todo atado "por si a caso", vivir como cerebros con pies, caminando sin el rumbo que te ofrece la brújula del corazón. Paradójicamente, a mayor esfuerzo menor rendimiento, el estado de inseguridad aumenta porque haces y no consigues, entrando en una espiral de perdición con un alto nivel de vacío interior.

La conexión con el SER se hace mediante la conexión con uno mismo y ésta nace del trabajo con el corazón. Deja de autoabandonarte poniéndote normas tontas y trabajos que no deseas hacer y ve a ti. Mírate y date cuenta de la inmensidad de tus ojos, de la profundidad de tus pupilas, olvídate de todo lo que has aprendido hasta ahora. Ábrete a sentir, escucha lo que te quiere decir tu corazón.

Quizá te hayas pasado la vida complaciendo a otros por miedo a la pérdida, llamando la atención de otros porque no sabes darte amor a ti mismo o siendo el eterno seductor sin comprometerte con nada. Despertar es duro sí, pero más lo es seguir en esa pesadilla de no amor. Es algo muy común, cuando lo común te lleva al vacío. De locos es estar bien adaptado a una sociedad profundamente enferma.

Si deseas comenzar a establecer una mayor conexión interior, lee lentamente mientras haces el siguiente ejercicio:

-Cierra los ojos y conecta con tu respiración, ábrete a sentir y a fundirte en el todo. Suelta y relaja mientras respiras...

...conecta con la energía de la tierra...sigue respirando profundamente y siente tu cuerpo descansar, tus piernas reposar sobre el sillón o la cama...toma una nueva respiración por la nariz y conecta con tu rinconcito interior, ese lugar sagrado que siempre deberás proteger y preservar de toda alteración...

...toma aire y ve llenando poco a poco cada vez más tus pulmones, tu vientre...ve sintiendo cómo se expande tu espacio interior, cómo el mar agitado mental se va transformando en la pacífica inmensidad del océano... siente esa magnífica sensación de expansión consciente y desapego a todo malestar...siente lo grande que eres... mucho más de aquello que creías hace un rato...

...ábrete al todo, abraza el horizonte completo, permítete bajar de nuevo a tus piernas y siente cómo tu árbol interior va creciendo...tus piernas son tus raíces, siente su fuerza y salud, permítelas crecer buscando la tierra y arráigate a ella para tomarla como parte de ti, como esa parte que te da seguridad y confianza. La tierra es un elemento que te trae al aquí y al ahora, que te aporta una sensación de protección y te facilita el empoderamiento en un momento dado...

Ahora, desde aquí, puedes aprovechar para dejar espacio en tu mente y conectar con alguna situación vital en la que hayas callado por miedo al qué dirán o por algún tipo de miedo a la pérdida. Permítete encontrarte aquí y ahora dejando de perderte a ti mismo por miedo a perder a otro...

...si actualmente estás viviendo una situación de estas características, ábrete con mucho amor, compasión y paciencia a trascenderla...

Visualízate desde el final, desde la solución: ¿cómo sería decir tu verdad desde el respeto y el amor a ti mismo?... puedes escribirlo, aprovecha este momento:

———————————————————————————

———————————————————————————

———————————————————————————

———————————————————————————

———————————————————————————

———————————————————————————

———————————————————————————

———————————————————————————

...ahora vuelve a ti y recupera el estado de equilibrio interior, baja a la base de tu cuerpo y visualiza la situación que acabas de describir, conecta con ese momento y permítete vivirlo...

...Habla y rompe tu silencio...pero hazlo siempre desde un estado de profunda conciencia corporal para que todo aquello que digas sea dicho desde el corazón y no desde el ego. Abrázate a ti mismo y date permiso de una vez para ser tú...

La auténtica libertad es ser capaz de expresar lo que sientes desde la energía amorosa del amor

...Ahora vuelve a hacer unas cuantas respiraciones profundas...

...abre los ojos lentamente...

Te invito a poner en práctica este ejercicio cada vez que lo necesites y a llevar a la acción lo que vayas descubriendo. Así mismo, te recuerdo que me tienes para todo lo que necesites. Recuerdo la web donde tienes mi contacto: www.coachingconanadejuan.com

Hacer los ejercicios es lo más importante que puedes encontrar en este libro, independientemente de que te ayude lo que lees, nadie va a hacer por ti lo que tú debes hacer. Si tú no te comprometes contigo mismo, nadie lo hará, así que empieza ya, ni lo pienses.

Puedes acompañarlo con meditación, paseos a la orilla del mar o en la montaña, deporte o cualquier otra actividad que te ayude a hacer una labor de introspección; conecta con la tierra porque es la que nos aporta la sensación de seguridad, de protección, es como nuestra mamá; vete a la naturaleza y camina descalzo, introduce tus pies en una zona de tierra para que puedas trabajar desde lo sensorial.

...

Desde la sistémica se dice que el amor, cualquier tipo de amor, ya sea de pareja o, incluso, el amor que emana de ti al mimar tu proyecto empresarial, siempre comienza por la madre; tomar a la madre es lo más importante para tener éxito en la vida, no sólo en un contexto de pareja, sino en la abundancia, en el trabajo, en los negocios, etc. Las personas que no toman a la madre se sienten vacías, sienten que nada es suficiente, exigen en vez de dar, se agotan porque no toman el aire de vida, no se sienten abundantes ni agradecidas y no se sienten amadas.

Para tomar a los padres hace falta entenderlos, aceptarlos y ser compasivos. Saber que no nos pueden dar lo que no tienen, entre otras cosas porque nadie puede hacer esto, ni siquiera tú. Aquella persona que culpa a los padres se exime de responsabilidad y, con ello, se excluye de todo poder personal. Los padres eran los mayores cuando eras niño pero, una vez creciste, tú eres tu propio papá y tu propia mamá. Es hora de haberte cargo de ti mismo.

Tomar lo que te dieron agradeciéndolo, dejar ir aquello que no te hizo bien y buscar en otro lugar aquello que no te dieron pero necesitaste, entendiendo que no pudieron dártelo porque no lo tenían.

Hay cantidad de adultos heridos viviendo desde el niño interior dañado, causando heridas en otros seres vivos.

Un adulto amoroso opera desde el SER, un adulto dañado opera con un ego inflado.

Cuando no aceptas a tus padres te dañas, entre otras cosas porque tú eres ambos, integrar estas dos figuras en ti es un ejercicio fundamental para cuidar y sostener al niño interior que llevas dentro. Llegar al punto donde tu femenino y tu masculino se entienden te ayuda a tener una buena relación de pareja interior, a entenderte con tu pareja exterior y te ayudará a cuidar a tu niño interior, a protegerlo, dándole lo que necesita en cada momento para que no te siga saboteando. Permitiéndote educar a tus hijos de manera sana y no desde tus heridas.

La conciencia corporal es la práctica fundamental aquí, ser consciente, experimentar en tu ser y en tu vida el estado de energía que tienes en cada momento porque influye en tus acciones y, por ende, en tu destino. Vivir en un estado permanente de estrés o de vacío, te hace vivir en una espiral permanente de búsqueda y ansiedad intentando llenar algo que sólo se llena desde dentro...

¿Has tomado conciencia de que, por mucho que intentas llenar tu vacío con cosas externas nunca lo llenas?...

...

Hay multitud de personas que se sienten vacías que, equivocadamente, buscan llenar ese vacío desde fuera, obviando el camino correcto para llenarlo, que es desde dentro. Más allá del motivo por el cual te sientas así, lo que de verdad ha de importarte es hacia dónde vas, eso es lo único importante. Toma conciencia de que eres un ser amoroso e infinito, por muy mal que hayan ido las cosas, está bien como eres, cómo fueron. Acepta, perdona, deja ir...

Todo está bien, nada te falta, todo está dentro de ti.

El ego toma el mando en el momento en que alerta de que hay un vacío. Te confunde en la percepción y la dirección de la vida. Busca fuera parejas sexuales de una noche, se ampara en adicciones, en hedonismo, en compras constantes, en tabaco, en copas, en comida abundante. Puedes buscar a alguien para vomitarle toda tu basura emocional y que te compadezca, asumiendo un rol de víctima de cara a los demás y buscando complacencia constante, pero te voy a avisar de algo: ese vacío no lo va a llenar nada de todo lo anterior y si lo llena, será momentáneamente.

Sólo tú mismo puedes llenar ese vacío, no necesitas nada para ello, sólo abrazarte y llegar hasta esa parte dentro de tu alma. Tomando conciencia, cambiando de rol, poniendo y rompiendo límites, soltando apegos, atreviéndote a ser tú mismo y aceptando lo que no puedes cambiar. En definitiva, haciendo cualquier pequeño paso que te saque de donde estás.

Recuerda algo: el vacío interior no existe, es una creación del ego. Mientras sigas creyendo que tienes un vacío, lo seguirás sintiendo y lo seguirás tratando de tapar... indefinidamente. Mientras sigas creyendo que algo te falta, seguirás buscando fuera lo que ya tienes dentro.

¿Puede ser más absurdo que una persona busque por todos lados algo que lleva guardado en su interior?

...

Vamos a hacer un ejercicio: mira lo que evitas. Vamos a conducir a un lugar, tu aventura interior. Quiero que prestes atención y leas muy lentamente, que identifiques qué sientes en cada poro de tu cuerpo. Respira profundamente y toma conciencia de tu cuerpo...

...

Ahora mira de cerca el vacío, tu vacío. Cierra los ojos, respira profundamente y ve ahí. Sin críticas, sin miedos ni juicios, céntrate en un lugar como observador, como un ser curioso que desea conocer con ilusión algo nuevo, vívelo como una aventura, suelta toda etiqueta y permítete vivir plenamente la experiencia...

...pon atención a lo que oyes, descubre qué te está diciendo el ego para crear ese vacío interior... presta atención y observa qué oyes detrás del vacío...hazlo con tranquilidad...

Quizá "no soy suficiente", quizá "me hace falta algo para sentirme lleno", quizá "no valgo", quizá hay miedo, control, exigencia o quizá hay culpa...

En cualquier caso imagina que abrazas todo ello, ámalo, dale la bienvenida, permítele SER...

El ego opera desde el miedo y el control, sin embargo, el SER lo hace desde el amor y la plena aceptación de lo que ES. Date permiso para navegar por el mar de la oscuridad y para ver aquello que estés capacitado para ver, ábrete a lo que es y a descubrir todo lo que puedas. Después abrázalo, aunque te cueste. Date permiso para hacerlo poco a poco. Lo que puedas estará bien.

Mira con amor ese vacío

...

Abraza ese vacío...

...Es perfecto, ámalo, quiérelo...

...Eres millones de veces más grande que él...

...Dite a ti mismo: "comienzo a darme permiso para ver todo aquello que necesite ver", "me abro a aprender a amarme a mí mismo"...

...

Una vez has llegado hasta aquí, por hoy es suficiente, respira profundamente y recuerda mantener en todo momento tu nivel de conciencia corporal. No cortes la respiración, no cortes la vida. Respira la emoción junto a todo lo que aparezca, sostén la respiración consciente, es tu energía de vida.

Sé que puedes hacerlo, confío en ti, en todo tu potencial y tu poder, tu fuerza interior que sale de ti a cada momento que la necesitas. Si estás leyendo este libro estás preparado.

Lo importante en la toma de conciencia no es responder correctamente, sino hacerte las preguntas correctas.

¿Sientes que tu vida está cortada de alguna manera, como castrada o limitada?

...

Si es así, no es verdad, aunque lo veas y lo sientas, no es verdad. Eso que ves y que sientes es una ínfima parte de ti, es un dolor y una herida. En realidad, tienes una capacidad inmensa y una sabiduría interior ilimitada.

Sólo cuando el vacío es llenado por ti, comienzas a estar en equilibrio, cuando estás lleno puedes dar. Hasta que no llega ese momento, pides constantemente, sintiendo que nada es suficiente.

Quizá te preguntes: ¿cómo puede ser que esté viviendo algo que no es verdad si siento un vacío real?

La respuesta es: allá donde enfocas tu atención crece, allá donde enfocas la atención pones energía, dejando de lado todo el resto del campo de vida que puedes enfocar. Es decir, te enfocas en tus "huecos" en vez de en tus "llenos" y así lo conviertes en norma.

Vamos a verlo con un ejemplo:

¿Dónde te encuentras ahora?

Mira a tu alrededor, no importa si es un exterior o una habitación, observa todo lo que ves en tu campo de visión, observa todo lo que hay a tu alrededor. Después elige un punto de atención y comienza a mirarlo fijamente, seguro que ves el objeto o lugar concreto y algo por el rabillo del ojo, eso al principio. Si sigues mirando sólo verás el objeto y si sigues mirando más tiempo cada vez verás mucho menos de lo que hay alrededor.

La mente funciona igual, se enfoca y ve sólo aquello que tiene delante, el engaño del ego es creer que sólo eso existe. ¿Podría ser alguien más ingenuo? No caigas en esa trampa.

La mente funciona así cuando se trata de problemas y soluciones. El foco sería el problema, por lo que si te enfocas en él lo harás grande y único soberano de tu campo de visión. ¿La solución? Fuera de campo. En otro *focus:* en la solución. Así de simple.

…

Cambia tu filtro y cambia de foco, tienes la solución delante. El problema lo percibes cada vez más pequeño y aparecen nuevas soluciones a tu alrededor. No me creas, sólo compruébalo tú mismo. Ámate de verdad, deja de dolerte y dañarte, recuerda esto siempre: en tu mente mandas tú.

Las cosas no aparecen ni desaparecen, sólo depende de cómo las enfocas. Qué ves de ellas y qué eliges no ver.

Daniel Goleman, autor de "Inteligencia Emocional" , habla muy bien de la importancia del foco en su último libro "Focus" .

Aquello en lo que enfocas tu atención crece

Tu vida puede ser tan abundante o tan carente como decidas que sea.

¿De qué depende esa decisión?

Del lugar en el que pones tu foco de atención.

El universo es mental, o lo que es lo mismo, todo aquello en lo que te enfocas crece. Véase un claro ejemplo: imagina una persona que desea estudiar una carrera universitaria de arquitectura. En primer lugar esa persona sabe que le gusta la arquitectura, en segundo busca qué facultades universitarias le ofrecen estudiar esa carrera, en tercer lugar se matricula en una o varias facultades para no quedarse fuera en el caso de no ser aceptado. Así mismo, esa persona pasa cinco años estudiando duramente, yendo a clase a diario, buscando apoyo académico en caso de necesitarlo, etc., etc., etc.

Eso es foco!

Esa persona con suerte sacará la carrera en condiciones porque su foco de atención se encuentra bien orientado.

Ahora bien, imagina que una persona desea estudiar arquitectura y se dedica a las fiestas universitarias exclusivamente, no estudia y la resaca le impide acudir a clase por las mañanas,

¿Qué crees que sucederá?

...

En este caso su foco de atención se encuentra desorientado. La consecuencia es que la energía no está concentrada, se dispersa, la brújula da volantazos según se mueve el viento.

Cuando una persona se arraiga firmemente a tierra, el viento puede mover sus hojas pero jamás moverá sus raíces. Esa es la auténtica fe, saber hacia dónde quieres ir y caminar en esa dirección aunque no veas resultados instantáneos.

Los tornados y tormentas moverán de sitio tu lugar mientras no camines firme y seguro, pisando fuerte en el desierto de la vida. Despistar tu atención se hace muy sencillo en los momentos en que el foco de atención no es claro, dudas o no tienes la suficiente firmeza como para echarte a la espalda las opiniones en contra.

"Si tú no trabajas por tus sueños, alguien te contratará para que trabajes por los suyos"

Steve Jobs

A lo largo de mis años de experiencia, he podido comprobar que las personas más seguras de sí mismas son las que mejores resultados obtienen. No las que más estudios o idiomas saben, sino las que más confían en sí mismas. La autoestima es la clave de este resultado. No quien aparenta estar seguro, sino quien realmente lo está.

Te invito a que confíes en ti mismo que te repitas una y otra vez las creencias potenciadoras que has ido trabajando a lo largo de los libros. Con este simple ejercicio de repetición, lo que consigues es poner tu punto focal en tu fuerza interior, dentro de ti. Ahí es donde se encuentra tu poder, sólo ahí dentro.

Confío en tu capacidad para hacer de ti un edificio sólido, con raíces, con pilares irrompibles e infranqueables, cuya base sea tan fuerte como el acero y flexible como el bambú. Mira hacia dentro y llena tu vacío, construye hacia arriba, da seguridad a tus pies, ponte a salvo, reconcíliate contigo mismo, conectado y pleno, da desde la alegría del SER. Ofrece lo que sientes sin esperar nada a cambio, no lo hagas desde la carencia, sino desde el amor. Dar y recibir desde un estado productivo. El ejercicio personal es un proceso de por vida, es una forma de caminar. El vivir desde el amor incondicional se entrena a diario. Y tú estás de sobra capacitado, ámate y hazlo con todo!

...

Te amo

TERCER LIBRO DE LA TRILOGÍA

"ROLES TÓXICOS, VENCE TU CRUZADA EMOCIONAL"

Acabas de leer el segundo libro de la trilogía "Fortaleza Espiritual". Trascender el laberinto de la mente es un trabajo que implica poner la fuerza del corazón por delante de la confusión mental. Has aprendido los mecanismos de la mente, los has trabajado; has podido ahondar en tu alma para limpiar a fondo aquellas heridas que necesitaban terminar de cicatrizar.

Ahora es momento de pasar a otro nivel, el tercer libro de la trilogía, cuyo protagonista eres tú en tu juego de relaciones. Si en el primer libro adquiriste herramientas para tu fortaleza espiritual y en el segundo para tu fortaleza mental, en el tercer libro tienes un sólido contenido sobre la psicología de las relaciones. No basta trascender las heridas interiores, ahora es momento de aprender a conectar con el mundo exterior para construirte una vida plena, alimentando relaciones emocionalmente sanas y nutritivas.

Es mi deseo ayudarte en este proceso de crecimiento personal. Mi propósito de vida eres tú, tu crecimiento y trascendencia.

Conocer las bases psicológicas de las relaciones te ayuda a conocerte más a fondo todavía y, sobre todo, a tomar conciencia de qué y a quién tienes alrededor. Vence tu cruzada emocional y conviértete en un maestro de las relaciones con tus grupos de referencia, tu familia y tus seres queridos. Nuevas herramientas te esperan, estoy deseando enseñártelas.

Te espero en el siguiente libro!